【文庫クセジュ】

ジュネーヴ史

アルフレッド・デュフール著
大川四郎訳

白水社

目次

第三編　スイスの一カントンそして国際都市としてのジュネーヴ

凡例
・本文中のアステリスクは原著者による注を示す。
・括弧の数字は訳者による注を示す。

緒論　ジュネーヴ、その起源から司教都市成立まで

I　ケルト＝リグリア・ローマ要素による起源

歴史上、ジュネーヴという地名が最初に登場したのは、古代ローマの歴史家としても政治家としても傑出していたうちの一人である、ユリウス・カエサルの筆による叙述である。紀元前五二年の『ガリア戦記《デ・ベロ・ガリコ》』の冒頭で、ヘルヴェティア族について印象深い記述を残しているカエサルは、次のような趣旨を述べている。すなわち、レマン湖よりローヌ川が流れ出している地点にはヘルヴェティア族の地をガリア族のそれへと結び付けている橋がただ一つある。ヘルヴェティア族らがそこへと移動し定住する計画があることを通報されるや、彼（カエサル）はジュネーヴを占領し、彼らの通路を遮断した、と。[1]

（1）ユリウス・カエサル『ガリア戦記』、國原吉之助訳、講談社学術文庫、一九九四年、一三―一七頁を参照。

『ガリア戦記』において、かかる叙述とともにジュネーヴが歴史に登場したのは確かであっても、ジュネーヴ（ラテン語では「ゲナヴァ」）――おそらくは、イリュリア語またはリグリア語が起源となり（イタリアのジェノヴァ、マントヴァ、パドヴァと同様に）、さらには湖水の近くに位置していることをも考慮して（「ゲヌスゥス」とはイリュリア語で「大きな川」を意味している）、ゲナヴァという発音になったのであろうか――

という地名はまさにローマ時代に遡る。ごく最近になって行なわれたサン・ジェルヴェ寺院地下の発掘作業により、紀元前四五〇〇年から四〇〇〇年前頃の新石器時代に人類が生活していたことが確認されたように、紀元前数千年にまで遡る先史時代の遺跡でもあったジュネーヴは、以後何世紀にもわたってレマン湖の端に位置する重要な集落という形態をとることになる。もっとも、湖畔集落というよりはローヌ川河岸の集落といった方が正確であろう。紀元前一〇〇〇年代初頭の気象条件の変動により、概算して約十メートルも湖面が上昇したために、泊地両岸の住居は水没してしまった。さらに、太古のケルト民族がヘルヴェティアの台地へと到来したために、険しい勾配を伴いかつ湖の出口に臨む丘へとその住居は移動することになる。かくして「湖畔集落」は紀元前一〇〇〇年代後半にはガリア人の一つの町《オッピドゥム》にその場所を譲った。当時のジュネーヴは、アロブロゲス系ケルト部族が治める領土の北方の境界に接し、小さいとはいえ、要塞化された部落だった。なお、アロブロゲス族が存在していたことは紀元前五世紀より確認されているが、彼らについて歴史上初めて言及されるのは、紀元前三世紀末のハンニバルによるアルプス越え（紀元前二一八年）の時だった。

「ジュネーヴは、アロブロゲス族らにとって、ヘルヴェティアに最も近接した最後の集落である。この集落からヘルヴェティアの国に通ずる橋がかかっている」[1]。ジュネーヴについてユリウス・カエサルが紀元前五二年に書き残しているこのような記述は、一つの書名以上に重要である。実際のところ、この記述は、世界史上の文書においてジュネーヴが初めて登場したことを示すばかりでなく、ジュネーヴが今後発展していくにあたっての地理的、経済的、民族的、制度的枠組みをも同時に設定した。

（1）カエサル、國原訳、前掲書、一六頁。ジュネーヴ市内のイル島に残るイル塔の東側壁面プレートには、この一節のラテン語原文が碑文として刻まれている。

交流点、橋頭堡としてのジュネーヴ

ユリウス・カエサルの記述のなかにおいて指摘すべき第一の要素とは、地理的かつ経済的次元において、イル島の橋が、ヘルヴェティアの平原から（当該）平原の中部とイタリア・アルプスの峠——特にプチ＝サン＝ベルナール峠、モン＝スニ峠がそうであるが——へと至るにはどうしても通らねばならぬ通過点だったということである。こうした点ゆえにこそ、ジュネーヴはヨーロッパを北から南へかつ西から東へとつなぐ両交通要路が交差する要地の一つとなるのである。ジュネーヴが交流点《クアドルヴィウム》であったことは、ジュネーヴ郊外の地名（カルージュ、ル・カレ）になおも名残をとどめている。こうした事情を特に促進したのは、ローヌ川（上流からの筏のための水先案内業《ラティアリー・スペリオレース》）と、レマン湖（レマン湖の渡し船《ナウタエ・ラキュス・レマニ》）稼業とが並行して行なわれていたことによる。さらに、ジュネーヴが商業活動の一接合点であり、ジュネーヴには市場《エンポリウム》が出現していたという背景もあった。たとえば、ジュネーヴの市場では、すでにローマ時代にギリシア人、ゲルマン人、そのうえアフリカ人の姿が見られた。

ユリウス・カエサルの記述において指摘すべき第二の要素は、以下のとおりである。すなわち、民族的かつ制度的次元において、紀元前一二二年から一二〇年より、形式的にはローマ人によって服従させられていたとはいえ、アロブロゲス系ケルト人移民により要塞化された集落《オッピドゥム》としてのジュネーヴは、こうした事実によるならば、ガリア地方におけるローマの橋頭堡を意味していたということである。だからこそガリア本土またはナルボネンシスに併合されたジュネーヴは、第一にはローマ文化圏の前哨における「辺境都市」であり、第二には、ガリアが征服された後には、（ローマの）広大な領土の真っただ中において交易の「中継地」となった。さらに、ジュネーヴはローマの広大な領土のなかでは、ヴィエンヌの植民地とニヨンの騎士植民地との間の中継地であると同時に、通行税徴収所でもあった。

Ⅱ　ローマ統治下のジュネーヴ

下町通《リュ・バーズ》りにおける最直近の発掘作業が示すように、ローマ支配下のアロブロゲス族の進出に伴って重要な商業中心地がジュネーヴに確立された。そしてこのような影響がヘルヴェティアばかりでなく特にガリア全体に及ぶことによって、ジュネーヴは『辺境都市』からついには広大な国の中心までになった」（L・ブロンデル）。というのは、当時のジュネーヴは、次のようにきわめて多様に広がった交通網の要衝だったからである。すなわち、南部とナルボネンシスに至るローヌ川沿いの河川交通路、レマン湖を介して北部やゲルマニア、そのうえ、西部やグラン＝サン＝ベルナール峠に通じる湖面交通路、プチ＝サン＝ベルナール〔アルピス・グライア〕峠を経由してミラノ〔メディオラヌム〕、リヨン〔ルグドゥヌム〕、ヴィエンヌ〔ヴィエンナ〕、ストラスブール〔アルゲントラトゥム〕を結ぶ道路交通路、以上の交通路網の要衝だったのがジュネーヴであった。実際、ジュネーヴはフランス南部からの産物とフランス北部〔セプテントリオン〕からのそれとが取り引きされるという恵まれた中継貿易市場《エンポリウム》となっている。そして、この町のかかる経済的役割は、以後長きにわたって、その軍事的機能を背後に退けていくことになる（A・バベル）。

かくして、言うなれば古代ギリシアのアクロポリスのような丘の上に築かれ、城壁に囲まれ、そして要塞化された集落から、ジュネーヴはその歴史上初めて「外に開放された町」となった。山の手《オート・ヴィル》は、大通り《ヴォワ・デュキュマヌ》（今日のオテル・ド・ヴィル通り、グラン・リュ通り、リュ・ド・ラ・シテ通りを包括したものにほぼ相当する）により東西が結ばれ、しかも法務官庁舎と神殿とを伴った壁内広場《フォールム》の中央に位置しており、下町《バス・ヴィル》――その下町には別の広場があり、そこには通行税徴収所、湖とローヌ川を結ぶ二つの船着場、すなわちロンジエマールにあるレマン湖の渡し守と、フュストリにあるオート＝ローヌからの筏の水先案内所があった――に及んでいたばかりではない。山の手は新市街《ヴィル・ヌーヴェル》をも伴っていた。新市街とは、今日のレ・トランシエ台地の上に築かれた正真正銘の近郊住宅地であり、ヴォワロンの麓に発する大きな地下水路によって補給される給水塔を備えていた。この新市街と（前述の山の手と下町とを含めた）旧市街が交わる地点に、すなわち、大きな交通路が交わる主要交差点に位置していた壁外広場が、今日のブール・ド・フールに相当する。

かくして、紀元一世紀になるや、「ローマの平和〔パックス・ローマーナ〕」のもとでのそれとも時を同じくした未曾有の繁栄期に入ったジュネーヴは、その姿を一新した。すなわち、この地方で最も裕福なローマ人らがグランジュやセシュロンでそうしたように、レマン湖岸に建てた豪華な保養別荘の数々によって、特に景観が美しくなっていった。これに加え、町のにぎわいに惹かれて、湖畔で余生を送るためにジュネーヴへやってくる高級官吏や軍人も多くなっていった。急速にローマ化されたとはいえ、ジュネーヴは単なる一集落《ヴィークス》であり続けたのであり、地方按察官が置かれたことに示されているように、或る程度の自律性を認められていたようである。しかし、ジュネーヴは、概してドーフィネ地方の都市《シテ》ヴィエンヌからの行政官に依存していた。なお、それらの行政官のなかから、のちにジュネーヴの名士の多くが輩出されている。

III　ローマ帝国よりブルグンド王国へ

以来、ジュネーヴは、行政的にだけでなく宗教的にも、ローマ共和国とローマ帝国、それぞれの下でのローマ都市としての運命を担うことになった。アラマン人からの一回目の侵入（二六〇—二七七年）により、（ジュネーヴは）山の手に籠城を余儀なくされるのであるが、この侵入に伴う騒乱を契機とし、しかも都市ヴィエンヌが分裂していったことも幸いし、三世紀末（二八〇年以前）に、ジュネーヴは町から自律した都市《シテ》（キヴィタス）の段階へと移行した。こうした変遷を経て、ジュネーヴは、ローマ帝国領土の重要な一下位行政区画での中心地となった。そして、このことは、ジュネーヴが四世紀には司教座所在地《エヴェシェ》となり、さらには、ヴィエンヌ地方に従属していた広大な司教区《ディオセス》の中心地となることにもつながっていく。

以上のことを確証するのが、サン・ピエール寺院の修復（一九七六—二〇〇六年）に際して為された最新の発掘作業である。と同時に三五〇年から三七六年の間に造営された「最古の寺院」の遺跡も発見されている。初代ジュネーヴ司教として公式に確認されているアイザックによると、世紀末（四〇〇年頃）になって初めて——それは「二番目の寺院の造営が祭式を執り行なうさまざまな必要からほどなく不可欠となっている」時期であるが——ジュネーヴに「同じ場所に重ねて造営された寺院」（シャルル・ボネ）が出現したのである。

しかしながら、ジュネーヴがローマの主要諸都市と運命を共にしたのは、行政および宗教上の次元だけにとどまらなかった。ゲルマン民族の大侵入に伴い、政治的次元においても、ローマの多くの諸都市と同様の運命をジュネーヴもたどった。この点に関し、五世紀初頭において、周囲百キロメートルの範囲内にある近隣諸都市のなかでも、アラン族、スエビ族、ヴァンダル族によるすさまじい襲来に、ジュネーヴだけが晒された。このため、ジュネーヴはブルグンド族と同盟《フォエドゥス》を結び、ブルグンド族の移住を受け入れねばならなかった。ブルグンド族とは、アリウス派信仰をもとに連合しており、ローマ帝国側当局者との協定により、ヌーシャテル湖とリヨン地方との間の紛争多発地域サパウディア(1)に定住していた民族である。ちなみに、リヨンはブルグンド王国最初の首都となった（四四三年）。このような次第で、リヨンを首都（四七〇年頃）として受け入れた後、その配下の都市となったジュネーヴでは、次の三つのことが起こっている。第一には、ブルグンド人支配者らがその宮殿を、かつてのローマ軍政府たりし旧法務官府《プラエトリウム》の城壁内に構えたことである。第二には、特筆さるべきことであるが、このジュネーヴの宮殿において、六世紀初頭には、ゴンデボー王が、初めてブルグンドの慣習法を編纂したもの（『ブルグンド慣習法典〔レックス・グンドバダ〕』）を公布した。この立法は一世紀以上にわたってブルグンド王国の臣民を規律していくことになる。ちなみに、この慣習法編纂は、ガロ・ローマの被支配者らを名宛人としたローマ法編纂（その結果が『ブルグンド法典〔レックス・ローマーナ・ブルグンディオールム〕』である）にすら先立っていた。第三には、ブルグンド人のなかでは最初にカトリックに入信した王として列聖される、ゴンデボーの息子たるジギスムンドが、ブルグンド王国の王子たちの争いの際に焼失されてしまったサン・ピエール寺院を再建したことである（五一五年）。その同じ年に、ジギスムンドは現在のヴァリス州にサン・モーリス・ダゴーヌ大修道院を建立した。

（1）「サパウディア」とは、「サパン（モミの木）の国」を意味し、ジュネーヴ郊外のフランス・サヴォワ地方を示す古い地名である。

Ⅳ　フランク王国への併合から神聖ローマ帝国領となるまで

商業上の要地、司教座所在地、そしてブルグンド王国の首都としてのジュネーヴは、まもなくブルグンド王国とともにフランク族の侵入に直面し、フランク王国に併合されてしまった。

五三四年にフランク王国の一部となるや、ジュネーヴが王国行政上の典型的な単位である伯領（ラテン語では「パーギー」または「コミッタトゥス」）という枠組みに組み込まれたのは至極もっともなことである。なお、伯領とは、もともと、司教区、すなわち、ガロ・ロマン期のかつての「シテ」にまで遡る。もっとも、かかる併合の後には記録は沈黙しているかまたは曖昧であるので、シャルルマーニュの末裔、より精確には「敬虔王ルイおよび彼の王位継承者らによって為された分割」（P・デュパルク）を待って初めて、「ジュネーヴ伯」（ラテン語では「パグス・ゲネヴェンシス」または「コミッタトゥス・ゲネヴェンシス」）が、公式には九世紀になって出現した。ちなみに、この「ジュネーヴ伯」とは、領土区画であるばかりか、当該区画統治者の官職、当該官職上の権限と領地に相当する一連のものを意味していた。

八四三年のヴェルダン条約でのロタール一世の領土に帰属したままであったジュネーヴは、九世紀末よりブルゴーニュ王国第二王朝の一部となった。この王国は、バイエルンのヴェルフ家のルドルフ伯により建国された。そしてルドルフ伯は、八八八年にサン・モーリス・ダゴーヌ大修道院において、ブルグンド国王として宣言されかつ聖別された。しかしながら、一〇三二年にルドルフ三世が後継ぎを残さずして世を去ったので、この王国は、彼の甥であり、ザーリアー朝出身のドイツ国王コンラート二世により継承された。彼は翌一〇三三年二月二日にパイエルヌにてブルグンド国王として戴冠した。一〇三四年八月一日、ジュネーヴは神聖ローマ帝国の一部となった。そして、ほどなくこの都市は司教都市となった。と同時に、以上のことは、（ジュネーヴ市の紋章として描かれている）鷲の半身と武器庫への鍵の形で追想され、今日に至るまで伝えられている。

第一編　司教領としてのジュネーヴ

第一章　司教都市、封建体制、コミューンの形成

十一世紀から十五世紀にかけての中世ジュネーヴ史では次の四点が、ジュネーヴの政治経済制度を形成していく決定的要因として留意されるべきである。すなわち、教会、封建体制、神聖ローマ帝国、コミューン（自治共同体）運動、以上四点である。

I　教会

第一の重要な要因とは、ジュネーヴ地方の教会、より精確には、その長たるジュネーヴ司教である。というのは、（スイス・ロマンド地方の他の司教都市である）ヴァリスおよびローザンヌで起こったことに倣って、（フランスの）タランテーズまたはヴィエンヌにおいてそうであるように、ジュネーヴにおける最高位聖職者は——この場合は司教座保持者ということになるのだが——ローマ帝国に続いてカロリング王朝ま

でもが崩壊していったなかにあって、秩序を維持し、かつ中心街《シテ》とその近郊を保護することのできた唯一の人物だったからである。

1．都市ジュネーヴの領主かつ（神聖ローマ）帝国君侯としてのジュネーヴ司教

以上のような諸条件の下で、ジュネーヴ司教は、ほどなくして、言わば都市ジュネーヴの唯一の統治者として君臨することになった。そして、その結果、ブルゴーニュ王国第二王朝のルドルフの時代には、すでに司教に貨幣鋳造権が与えられた。このことを如実に示しているのが、一〇一九年から三〇年にかけて、司教がコンラートそしてアダルゴッドであった頃に、「ゲナヴァ・キヴィタス」[1]と銘打たれて鋳造された貨幣である。次に、サリー族の初期の皇帝が支配していた時代に、司教は公式にも都市ジュネーヴの領主として認められ、司法上および財政上の諸権限を賦与された。その前提となったのは、一〇三四年にサリー族の皇帝コンラートが、ジュネーヴにおける二度目の戴冠式の際に為した、特権の下賜だった。そのうえ、シュヴァーベン地方の王朝、すなわち、ホーエンシュタウフェン家による支配下で、ジュネーヴ司教には帝国直臣特権（一一五四年および一一六二年）が認められた。これは神聖ローマ帝国配下の君侯としての諸権限および諸特権が与えられたことを意味した。

（1）「都市ジュネーヴ」を意味するラテン語。

2. ジュネーヴ司教区とその行政機構

世俗的次元において、ジュネーヴ司教は都市ジュネーヴの領主であり（神聖ローマ帝国）帝国君侯でもあった。他方、霊的次元になると、ジュネーヴ司教は次のような広大な司教区の頂点に位置していた。すなわち、その管轄域はヴィエンヌの支配領域《キヴィタス》が三世紀に分裂したことにより、（新たに）発生した支配領域の領土をはるかに上回った。その結果、管轄域は一方ではレマン湖畔よりブールジェ湖畔まで、他方ではアルプスの山々の頂からジュラ地方の峡谷にまで及んでいた。

司教が教えを垂れる教会としていたのはサン・ピエール寺院であり、その裏に非常に古くから建っている司教館が住居として使われていた。なるほど司教は（ジュネーヴ）市行政と司教区運営の中心ではあったが、十一世紀前半からは「聖職者参事会」によって補佐を受けていたようである。この会議を構成した聖職者らは、司教の司教区運営を補佐しそしてサン・ピエール寺院における祭式を支えていたばかりか、司教座聖堂参事会員とも呼ばれ、司教座聖堂参事会をも組織することになる。なお、この司教座聖堂参事会の存在は十一世紀後半より確認されているが、その正式呼称が初めて使われたのは十三世紀初頭である。

司教座聖堂参事会とは、その大半が司教区内の貴族の子弟あるいは学問上の称号保持者であり、かつ一般的には欠員が生じた場合にのみ内部選考により補充される約二十名の参事会員で構成されており、司教座聖堂参事会首席の指導下にあった。絶えず恩恵を受けていた基金収入により、司教座聖堂参事会は政治的にも教会位階制上も特徴的な機能を果たしていくことになる。かくして、十四世紀ともなると、この司教座聖堂参事会は約二十五の村落・小部落の領主となり、十五世紀に至っては「全部で三十四を数える小教区教会を管轄する主任司祭の人選にまで及ぶ、聖職叙任権」(L・ビンズ)を行使した。このことは、都市ジュネーヴの領主たる司教と同様に、いかに司教座聖堂参事会が司教区の封建体制に関わっていたかを示している。

II 封建体制

1．領主にして司祭であるジュネーヴ司教

司教を都市ジュネーヴの領主と称することは、司教が封建体制のなかに深く組み込まれていたことを意味する。すなわち、司教はジュネーヴ地方にある教会の霊的指導者であったばかりではない。一方では、臣従関係上の人的体系に、他方では、当該地域に及ぶ権限の位階制的重層体系との間《はざま》に置かれた世俗的君主でもあった。かくして、司祭であると同時に、領主でもあるジュネーヴ司教は、その利害関係をめぐって、近隣の俗人領主らと抗争することになった。

ジュネーヴ司教が教会位階制上の高位聖職者であると同時に、局地的封建体制上の領主でもあったことから、二つの重要な制度が生じる。一方では、実際のところ、教会位階制上の高位聖職者としてのジュネーヴ司教は、都市ジュネーヴの領主ではあっても、彼には自らに認められていた権限のうち行使

できないものがあった。たとえば、司法と財政については、（司教自身が）血を流すことも現実的な利害すべてに関わることもできないので、ジュネーヴ司教は、俗人一般信者から次のような吏員を必要とした。すなわち、その一つは、当初、司教代理《アヴェ》（ラテン語では「アドヴォカトゥス」）と称される吏員であり、実力によって司教を警護したり、あるいは司教の下した判断を執行することにあたった。もう一つは、司教領裁判長官《ヴィドムヌ》（ラテン語では「ヴィケ・ドミヌス」）と称される吏員であり、司教の世俗的な諸利害を代表していた。かくして、司教代理職と司教領裁判長官《ヴィドムヌ》とは俗人領主と化す危険を常にはらんでいたのである。他方では、都市ジュネーヴの聖職者領主でもある司教は、この地域の最も大胆な俗人領主らのさまざまな野心に直面させられることになった。すなわち、まずは、歴代ジュネーヴ伯が司教代理職《アヴェリ》を行使することにより、都市ジュネーヴにおける司教の諸権限を剝奪せんと試みることになる。次に、歴代サヴォワ伯が十三世紀末にイル島にある司教城館を奪取した後、司教領裁判長官職《ヴィドムナ》をも掌握し、以後、この権限行使をイル島における（自己の配下の）城館主に任せた。

ジュネーヴ伯、サヴォワ伯、司教らが対立抗争し合ったことは――ジュネーヴ伯とサヴォワ伯との間の相互の対立抗争が、他王朝に属するフォシニー男爵やジェクスの諸侯のような近隣領主による介入を伴っていたように――十二世紀から十五世紀までのジュネーヴ史全体を特徴づけている。これらの封建戦争のすべて――その介入は六回を上回るとする中世史家もいる――に注意を向けることが得策ではないとしても、一方では、それでもなおこれらの抗争の趨勢とその帰結とを述べておかねばならない。（実に）それらの抗争は、十四世紀末になると、一方ではジュネーヴ伯爵家の断絶と、他方ではサヴォワ伯爵家の勝利に終わった。なかでも、サヴォワ伯爵家は、十四世紀から十五世紀にかけて、ジュネーヴ司教区におけるすべての敵対勢力を排除してしまい、かくしてフォシニー、ジェクス地方とジュネーヴ伯爵領とを我がものとしてしまった。しかしながら、他方において、こうした抗争をその都度終結させた協定のなかでも検討しておくべきものがある。特に、司教と近隣諸勢力との間での抗争を終結させたものを検討しておかねばならない。なぜならば、これらの協定の文言から、ジュネーヴ司教、ジュネーヴ伯、サヴォワ伯、それぞれがジュネーヴに対して有していた法的権限と政治力とを読み取ることができるからである。

2. 歴代ジュネーヴ司教と歴代ジュネーヴ伯爵

神聖ローマ帝国の歴代皇太子とは、カロリング朝末期の皇太子たちのジュネーヴ伯爵領よりもはるかに広大で、イゼール川からアーレ川に至るまでの伯爵領全体に及ぶ権限の保持者であり、グリュイエール伯からジェクス侯そしてフォシニー男爵をも含めた地方有力封建諸侯の領主らだった。それゆえに、歴代ジュネーヴ伯がローザンヌ、ジュネーヴといった司教都市の行政に介入を試みたり、司教の特権や財物、収益を奪取さえしたのは、不可避的なことだった。かくして、十一世紀から十二世紀への転換期において、ジュネーヴ司教の地位に自分の異母兄弟ギー・ド・フォシニー司教（一〇八三―一一一九）が就いていることを口実として、ジュネーヴ伯エイモン一世が模索しかつ成し遂げたのは、もっぱら司教代理としての権限に基づき、「ジュネーヴ教会が保有する多くの財産を直接または間接的に自分が管理することを認めさせたこと」、すなわち、「なおも直接的に（司教座）教会財産、司教や（中小）教会の収益たる十分の一税を横領すること」(P・デュパルク)ばかりでなく、ジュネーヴの東港の近くにあってしかも産業が盛んなブール・ド・フールを見下ろす位置に、壮大な伯爵領城館を構築させた。

A．グレゴリウス改革とセイセル協約(一一二四年)

(司教座)教会を蹂躙したこのような拡張主義は、都合よく縁戚関係によっても促進されたのであるが、これを差し止める出来事があった。それは、ブルゴーニュ王国において始まったグレゴリウス改革が同じくジュネーヴ司教区にも及んだことである。自らがヴォルムス協約(一一二二年)の締結者としてジュネーヴ司教区の事情に知悉しており、かつ教会が俗権から独立すべきだとの立場の論者であった教皇カリストゥス二世からの支援を取り付けつつ、ジュネーヴ新司教ウンベール・ド・グラモン(在位一一二〇—一一三五)は、ジュネーヴ伯エイモン一世に対してまさしく司教財産と司教特権との回復を賭け、次のような戦いを挑んだ。すなわち、まず、ギー・ド・フォシニー司教当時に奪取されたすべての(中小)諸教会と十分の一税の返還を当該エイモン一世に対して要求した。次に、教皇からの命令のもとに彼を破門し、エイモン一世が占拠していた土地全体を差し押さえた。おそらく、こうした措置は、教会財産の横領に関する対抗策を施行に移したヴィエンヌ地方公会議(一一二四年)の一環であったと思われる(P・デュパルク)。

改悛することを強いられたジュネーヴ伯エイモン一世は、ヴィエンヌからの帰途にあるジュネーヴ司教を出迎えに行く決心をした。そして、伯領西方の国境であるローヌ川沿いのセイセルにおいて、特にヴィエンヌ大司教ピエールが教皇庁特使として加わっている司教随員団を出迎え、仲裁に従うことを約束した。その結果、歴代ジュネーヴ司教と歴代ジュネーヴ伯それぞれの特権が確定された。そればかりか、この仲裁は、横領した教会財産と特権とをジュネーヴ司教に返還すること、同司教を主君とした臣従礼を行なうこと、都市ジュネーヴ全体〔トータス・ゲヴェナス〕を同司教に委ねることを、ジュネーヴ伯に命じていた。以上が、一一二四年十二月中頃に締結されたセイセル協約の実質的な内容である。この合意は、歴代ジュネーヴ伯と歴代ジュネーヴ司教との抗争に暫定的な終止符を打ったばかりでなく、特に財政および司法に関する事項については、歴代ジュネーヴ司教が都市ジュネーヴに対して有している諸特権や諸権限を明確に規定し、歴代ジュネーヴ司教こそがこれら諸特権と諸権限とを司るべき領主たることを明文化したことにより、「ジュネーヴ公法史上きわめて重要な性質を帯びた」(P＝E・マルタン)。

しかしながら、セイセル協約が示しているのは、歴代ジュネーヴ伯からの侵害に抗して司教領がその独立を守り抜く歴史のなかの一段階に過ぎない。というのは、一世代も経ずしてエイモン一世の後継者たるアメデ一世(在位一一二八―一一七八)ばかりでなく、その息子ギヨーム一世(在位一一七八―一一九五)との抗争が後に始まるからである。

B. デシニィ条約(一二一九年)

歴代ジュネーヴ伯と歴代ジュネーヴ司教との抗争が最終的に終わりを告げたのは、一二一九年だった。それには二つの原因がある。第一には、ギヨーム一世の二人の相続人であるウンベール伯(在位一一九五―一二三五）とギョーム二世伯（在位一二〇八―一二五二）との間での内輪争いがあったからである。第二には、勃興するサヴォワ家のトマス一世（在位一一八九―一二三三）による積極策が、特にレマン湖北方において、ジュネーヴ伯家を直接におびやかしたからだった。こうした状況だからこそ意味をもったのが、デシニィ条約である。これは、最終的にはヴィエンヌ大司教が仲裁に入って司教エイモン・ド・グランドソン（在位一二一五―一二六〇）とジュネーヴ伯ギョーム二世との間で一二一九年十月十日にセイセルより数キロ北のところで締結された。この条約では、ジュネーヴ伯がジュネーヴ司教に対して封臣関係にあり、伯は司教を自らの封主と認める、と定められた。

かくして、十三世紀初頭において、状況に即した政策が功を奏し、歴代ジュネーヴ司教はその司教領に対する歴代ジュネーヴ伯からの野望を長期間にわたって牽制することができた。

しかしながら、封建体制がジュネーヴに及ぼした影響とは、歴代ジュネーヴ司教と歴代ジュネーヴ伯との間の関係の推移に限定されるものではない。そうした影響の原因として特に挙げられるのが、歴代サヴォワ伯の台頭とその介入である。歴代サヴォワ伯は、十二世紀から十五世紀にかけて徐々に歴代ジュネーヴ伯を押し退けてこの地方に覇権を振るう家系となり、ついには、かつて歴代ジュネーヴ伯が保有していた所領と特権のみならず、都市ジュネーヴまでをも自らの手中に収めてしまった。そして、歴代ジュネーヴ司教との対立がより顕著となった。

3. 歴代ジュネーヴ伯と歴代サヴォワ伯——歴代ジュネーヴ伯との拮抗からその滅亡に至るまで

一二一九年のデシニィ条約の眼目の一つが、長期にわたって歴代ジュネーヴ司教の所領に対する歴代ジュネーヴ伯の野望を押し止めていたのではあるが、それが今度は、歴代ジュネーヴ伯と歴代サヴォワ伯との間で生じつつあった対立関係の誘因となっていく。実際のところ、十三世紀から十四世紀にかけてのジュネーヴ史全体が、このような対立関係に由来する諸事件によって特徴づけられている。この対立関係のなかには、歴代フォシニー男爵や歴代ジェクス侯といった、他の地方封建領主までもが巻き込まれる。そしてこの対立は、数度にわたって、司教都市ジュネーヴに影響を与えたのだった。

第一段階として、十三世紀中葉において、この紛争は、相対的に限定されたもののようだった。アメデ・ド・ジェクスばかりでなく特にエイモン・ド・フォシニー二世までもが、サヴォワ伯ピエール二世、すなわち、小シャルルマーニュ（一二六三—一二六八）の側についていることがすでに確かなものとなっている。それればかりではない。この紛争は、一連の停戦によって段階づけられ、しかも何回かの協約によっても規律されている。一二三七年、一二五〇年そして一二六〇年に締結されたこれらの協約は、しかしながら、ジュネーヴ伯領の将来を重々しく拘束することとなった。というのは、歴代ジュネーヴ伯に巨額の支払いを命じるにあたり、全額が支払われるまでは、たとえば、ジュネーヴのブール・ド・フールにあるものをも含めた多くの城館や、アルヴ川からアーレ川に至るまでの多くの所領地を、抵当として歴代サヴォワ伯に差し出すべきことを強制していたからである（一二五〇年、一二六〇年それぞれの条約）。

第二段階になると、この対立関係は、より深刻な展開を見せることになる。それは、一二八〇年から一三二九年にかけてのほぼ半世紀にわたった封建戦争時代にあたっている。その時代に起こった戦役ごとの和約によって、歴代サヴォワ伯による歴代ジュネーヴ伯への侵奪が次第に広げられていくことになった。このうち、最後の和約となったのが、ジュネーヴ伯アメデ三世（在位一三二〇―一三六七）とサヴォワ伯エドゥアール（在位一三二三―一三二九）との間に締結されたテルニエ平和条約（一三二九年）である。この条約は、まずもって一三二〇年に完全に破壊されたブール・ド・フール城館について歴代ジュネーヴ伯への補償を取り決め、しかもアメデ三世による長い治世と時期を同じくしていたため、長期間にわたる良好関係をもたらすことになった。すなわち、歴代ジュネーヴ伯と歴代サヴォワ伯との間に和睦が実現されたのである。

第三段階になると、歴代ジュネーヴ伯と歴代サヴォワ伯との関係は、最終的に、アルヴ川からアーレ川に至る大部分の所領地において、ジュネーヴ伯爵家がサヴォワ伯爵家により滅ぼされてしまうという結末に至る。この点において、アヴィニョンに教皇庁を置いた（一三七九年）ことから、対立教皇クレメンス七世（在位一三六八―一三九四）としてその名がよく知られているジュネーヴ伯ロベールが、自分の兄弟たるアメデ四世（在位一三六七―一三七〇）、ジャン（在位一三七〇―一三七〇）、ピエール（在位一三七〇―一三九二）の後を受けて、ジュネーヴ伯領の相続に執着するに際して（在位一三九二―一三九四）、教皇という地位にあったがゆえに、少なからぬ問題が持ち上がった。このロベールが、自らの死（一三九四年）にあたり、ジュネーヴ伯領を遺贈した相手とは、自分の甥にあたるウンベール・ド・ヴィラール（在位一三九四―一四〇〇）だった。彼はすでに母方の叔父ピエール伯によりその包括的相続人として指定されていたので、父方の叔父オドン・ド・ヴィラール（在位一四〇〇―一四〇一）にも有利になるように取り計らった。このオドン・ド・ヴィラールから一四〇一年にジュネーヴ伯領全体を法外な値段で買い戻したのが、またとない幸運に恵まれていたサヴォワ伯アメデ八世（在位一三九一―一四一六）[1]である。かくして、サヴォワ伯による勝利は明々白々たるものとなり、と同時にジュネーヴ伯領のサヴォワ領への帰属が決定的になった。

（1）*Dictionnaire historique et biographique de la Suisse* (tome V, Neuchâtel, 1930) によれば、サヴォワ伯アメデ八世の在位は一三九一―一四五一である。

4．歴代サヴォワ伯と歴代ジュネーヴ司教

A．サヴォワ家の対ジュネーヴ政策

徐々にジュネーヴ伯に取って代わっていったばかりか、ついにはレマン湖畔の司教都市ジュネーヴを完全に包囲するに至るまで、レマン湖周辺地域への一貫した膨張政策により、歴代サヴォワ伯は、今まで以上に直接にジュネーヴ司教と対峙することになった。なぜならば、歴代サヴォワ伯がこの地方において主要な目的としていたものの一つが、ジュネーヴを併合してその「理想の首都」（L・ビンツ）とすることだったからである。

長期間にわたったこの政策を仔細に検討すると、今問題としている時期やサヴォワ伯とジュネーヴ司

教との関係に関する限りでは、二つの「時期」を区別することができる。第一段階は、一二五〇年から一二八五年に及ぶ。この時期に、サヴォワ伯は、ジュネーヴ市内におけるコミューン（自治共同体）運動を加勢し、ジュネーヴ市民側からの軍事的協力を取り付けた。第二段階は、サヴォワ伯が都市ジュネーヴへついに進駐する時期であり、十三世紀末から十四世紀初頭に及んでいる。しかし、この段階はアスティ条約（一二九〇年）で重要な転換を迎えることになる。

B．アスティ条約（一二九〇年）

イル島にある司教城館の占拠（一二八七年）、ローヌ川にかかる橋と付近の漁場への通行使用料金徴収所の支配、（一二八八年以後はサヴォワ城主が行使することになる）司教領裁判長官職《ヴィドムナ》の侵奪、こうしたことを、ジュネーヴ司教はアメデ五世に対して、禁止し破門さえ言い渡すことによって、イル島の司教城館、司教領裁判長官職、ローヌ川に架かる橋と付近の漁場への通行使用料金徴収所との返還を再三再四求めたが（一二八七―一二九〇年）、無駄だった。サヴォワ伯の勢力に屈し、ジュネーヴ司教は、一二九〇年の夏の終わりにピエモンテのアスティにいたアメデ五世のもとに自ら出向いて、交渉せざるを得なかった。

以上のような諸条件のもとで、一二九〇年九月十九日に締結されたのがアスティ条約である。この条約では、なるほどイル橋での通行使用料金徴収所およびローヌ川での漁場をジュネーヴ司教に返還すべきことをサヴォワ伯アメデ五世に命じてはいたが、それでもなおイル島の司教城館ばかりか司教領裁判長官職を封土として占拠し続けることをアメデ五世に認容していた。このようにしてアメデ五世（一二八五―

一三二三）とギヨーム・ド・コンフラン司教（一二八七―一二九四）の対立関係に終止符を打ち、アスティ条約は、結局のところ、既成事実を認めてしまい、その結果として、ほぼ二世紀半の期間にわたってサヴォワ家が司教都市ジュネーヴに居座り続けることを、イル島の城館と司教領裁判長官職の行使という二重の抜け道により容認してしまった。

Ⅲ 神聖ローマ帝国

中世ジュネーヴにおける政治経済秩序を形成するのに決定的に作用した三番目の要素とは、神聖ローマ帝国だった。実際にも、十一世紀初頭（一〇三二年）にブルゴーニュ王国第二王朝がザリエル朝コンラート帝に統合されたことに伴って、ジュネーヴの司教領が神聖ローマ帝国へと統合されたことが、相反する二つの点においてジュネーヴの運命に関わることになった。

1．帝国直臣

まずもって、このように神聖ローマ帝国へ統合されてしまったことは、ジュネーヴ司教および都市ジュネーヴが自律し独立を確立していく上では、有利に作用していくことになる。こうしたことが起こったのは、十二世紀後半にかけて司教の地位にあったアルドチウス・ド・フォシニー（一一三五―一一八五）の下においてだった。ジュネーヴがこの司教に負っているのは、サン・ピエール寺院改築工事（一一六〇—一二三〇年）の着工である。この改築で新たに加えられたゴチック様式のすばらしいシルエットにより、サン・ピエール寺院は偉大な西欧キリスト教寺院建築の一つに数えられることになった。そればかりではない。都市ジュネーヴに帝国直臣特権が下賜されたのも、ド・フォシニー司教の下においてであった。実際にも、この司教職の下で、皇帝フリードリヒ・バルバロッサからまずは一一五四年にシュパイエルにてジュネーヴ司教に下賜されたものとは、ジュネーヴ教会が現在および将来にわたって有する教会財産と所領である。それらは、ジュネーヴの帝国直臣特権を保障していた。続いて、一一六二年に、ツェーリンゲン家の公爵ベルトルド四世によりその教会財産と収益特権《ドロワ・レガーリエン》(1)が再び狙われたが、都市ジュネーヴは帝国直臣特権の保障を受け、帝国君候としての地位を主張して対抗した。帝国都市であり、さらには帝国直臣でもある都市ジュネーヴが、これ以後服従する相手としては、ジュネーヴ司教の次に、神聖ローマ皇帝をおいて他になかった。

（1）貨幣鋳造権、関税徴収権、護送権、狩猟権、市場開設権、等々、収益をもたらす一切の高権を意味する。

2．帝国司教代理職と帝国代理職

そうは言っても、神聖ローマ帝国へのかかる帰属は、ジュネーヴ司教と都市ジュネーヴの独立とは逆の方向へと帰結せざるを得なかった。少なくとも、それは二度にわたった。一度目は一一五六年のことであるが、神聖ローマ皇帝フリードリヒ・バルバロッサがツェーリンゲン家の公爵ベルトルド四世に対して、シオン、ローザンヌ、ジュネーヴの三司教都市における収益特権を賦与することによって、公爵ベルトルド四世をこれら三司教区での正真正銘の「帝国司教代理職《アヴゥエリ・アムペリアール》」（P・デュパルク）に任じた。となれば、ジュネーヴ司教アルドチウス・ド・フォシニーとしては、ツェーリンゲン家の公爵ベルトルド四世に対して収益特権が一一五六年に賦与されたことの取り消し、そして一一五四年の帝国直臣特権の確認（一一六二年）を神聖ローマ皇帝フリードリヒ・バルバロッサ自身から直接に取り付けるために、あらゆる駆け引きを駆使せねばならなかった。

二度目となったのは、一三六五年、ルクセンブルク朝出身のカール四世が、アヴィニヨンに赴く途中でジュネーヴに立ち寄った際に、緑の伯爵とも通称されたサヴォワ伯アメデ四世（一三四三—一三八三）に対して、九つの司教区に及ぶ帝国代理職を特に授けた時のことである。このことは、当該諸司教区に対して神聖ローマ帝国が有していた諸権限をアメデ四世に与えたばかりか、とりわけ、ジュネーヴ司教区を彼の配下に置くことを許した。そこで、アメデ四世への帝国代理職授与取り消し（一三六六年）をカール四世本人から勝ち取るために、二代にわたるジュネーヴ司教アラマン・ド・サン＝ジェオワール（一三四二—一三六六）、ギヨーム・ド・マルコッセイ（一三六六—一三七七）はあらゆる術策を弄せねばならなかった。

Ⅳ　コミューン運動

中世ジュネーヴの政治と経済の秩序が形成されるにあたり、決定的に作用した四番目の要素は、コミューン運動であった。このコミューン運動がジュネーヴのその後の政治的道程を強く規定することになったのは、サヴォワ伯とジュネーヴ司教からの支援を交互に操ることによって、スイスのいくつかの邦《カントン》と兄弟都市同盟《コンブルジョアジー》を結んだり、宗教改革に乗じてようやく両方の勢力からの支配を脱したからだった。

一つのコミューン、すなわち、職人と商人とから成る誓約団体がジュネーヴにおいて誕生したのは、実際のところ、かなり後になってからである。その一番古い痕跡を見いだそうとするならば、実に、十三世紀後半になるのを待たねばならない。サヴォワ伯ピエール二世が、自らの庇護下に置きたいとの魂胆から、ジュネーヴにおいてサヴォワ派、すなわち、ジュネーヴ市民団を作ったのが一二六三年である。このコミューンが制度として公認されたのは、ようやく十四世紀末に司教アデマール・ファブリの「自由特許状」（一三八七年）が出されたからである。これにより、コミューンに与えられていた「特許」が「慣習法」として明文で規定された。

1．ジュネーヴにおける市場、大市《フォワール》、郊外への拡大（十二―十四世紀）

ジュネーヴにおけるコミューン運動の興りは、経済の方面において、ジュネーヴ司教の庇護を受けていた定期市の発展と密接に関係していたようである。その定期市とは、ブール・ド・フールで開かれていたものである。主要な交通路、端的には街道が改善されたことで、商いの流れも大きく改善された。これに乗じ、定期市は常に遠方からの顧客でにぎわっていた。すなわち、大市が発展した直接の原因となったのは、十二世紀から十三世紀に拡大した「定期市」を原型とする大市が制度化され、かつ、発展したことである。当時、(ジュネーヴの)地方市場は、「地方の交易地から国際的な商業交流地へ」(L・ビンツ)と移行しつつあった。キリスト教上の主要な祝祭日、すなわち、公現祭(1)、復活祭(2)、聖ペトロの鎖の日(3)、万聖節(4)に開かれていたこれらの大市は、それぞれの祝日から十数日間にかけて開かれ、十三世紀からはシャンパーニュの大市が衰退したことを契機として繁栄し、イタリア、ドイツ、フランス、スイスから商人や実業家を呼び寄せるに至った。その結果、これらの大市により、ジュネーヴは早くも国際的な知名度を高めた。

(1)イエス・キリストの洗礼と東方三博士の来訪を記念する日。一月六日にあたる。
(2)春分の日の後、最初の満月の次の日曜日にあたる。
(3)イエス・キリストの弟子ペトロにちなんだ祭日。八月一日にあたる。
(4)すべての聖人を記念する日。十一月一日にあたる。

しかしながら、ジュネーヴにおけるコミューン運動の萌芽は、人口統計的かつ地形的な面においても、郊外に向けて都市ジュネーヴが急速に膨張拡大していく時期とも符合していた。この膨張拡大は、中心街《シテ》に向かう主要な道筋に沿って、城壁《ブール》や(城壁外の)周辺地区《フォブール》を設営したり、都市自体をいくつかの教区へと再編することによって、具体化していった。

2. 城壁、周辺地区、教区（十二―十三世紀）

数世紀間にわたってその活動を城壁内に制約されていたのであるが、かくして、ジュネーヴはその歴史上再び「外に開放された都市」となった。その活動の拡大には、絶えず拡張されたとはいえ、城壁は対応しきれなくなっていった。こうした点で、都市の拡大につながったのが、城壁の外で新しく市街ができたことである。最初にできた「窯の町《ブール・ド・フール》」は「市場の町《ブール・ド・マルシェ》」とも言い、大きな街道が交差する地点にある古代ガロ・ローマ以来の城壁外の広場《フォールム》の周囲に広がっていた。次にできた「新しい町《ブール・ヌフ》」という市街は、「ヴィル・ヌーヴ」とも言うが、港や湖水航路に沿って発展していった。しかしながら、都市の拡大を促したのは、その城壁が不断に拡張されたことにもよっていた。このことにより、十二世紀において、中心街《シテ》の城壁が三度拡張され、その外縁部は全面的に要塞化された。それればかりか、最外縁部の城壁はギヨーム・ド・マルコッセイがジュネーヴ司教在任中の十四世紀末に建設されたものであり、特に湖畔側に新たな市街を発展させた。都市がこのように拡大したために、ジュネーヴでは、リヨン通りに沿ったサン＝ジェルヴェから、カルージュ通りとアヌシー通りにまたがったサン＝レジエに至るまでの、六つの周辺街区が新たに建設された。そして、都市の拡大から最後に影響を受けたのが教会組織再編だった。これにより、十一世紀から十三世紀にわたって、かつては（サン・ピエール）寺院の統轄下としては唯一であった教区が、七つの教区へと細分化された。

3. コミューン、サヴォワ伯、ジュネーヴ司教

十三世紀から十四世紀にかけての第一期に、司教都市に足掛かりを確保した上で、サヴォワ団〔パルティ・サヴォワル〕を設立せんと腐心していたサヴォワ伯にすがることによって、コミューンは歴代ジュネーヴ司教、歴代ジュネーヴ伯に抗してその立場を明らかにし、かつ、自らの組織化を図ることになる。第二期にあたる十四世紀の間には、サヴォワ伯の野心に対抗するための加勢を必要としていたジュネーヴ司教からさえも、このコミューンは自らの地位の公認を勝ち取ることになる。それゆえに、ジュネーヴにおけるコミューン運動の初期には、大きく二つの時期があったとして区分することが妥当であろう。揺籃期としての第一期は、十三世紀後半からちょうど十四世紀初頭にかけてである。第二期は、発展を遂げ、そして公認を勝ち取った時期であり、十四世紀の初頭から末期にわたる。

ジュネーヴでのコミューン運動が公的にも認知されていく過程の第一期について言うと、いくつかの裏付け史料が残っているに過ぎない。それは、すなわち、まずもって、サヴォワ伯と幾名かのジュネーヴ住民との関係を示し、サヴォワ伯に特権を認めている史料である。この史料では、一二六三年以来、サヴォワ伯はそれら住民を庇護し、他方、それら住民は、その見返りとして、サヴォワ伯を守護するという誓約をしている。これらの史料から明らかなのは、まだ揺籃期の「コミューン」――ちなみにその「ジュネーヴ市民らのコミューン〔コムニタス・デ・ゲベネンニース〕」という名称が初めて現われるのは一二六七年のことである――が存在していたことを示しているばかりか、このコミューンに対する司教からの深い敵意である。この敵意を如実に示しているのが、コミューン成員に対して向けられたいくつかの告発条項であ

る。たとえば、一二九一年五月十五日付の警告《モニション》の場合、「新奇にして尋常ならざる寄合団体（コレギウム・ノヴゥム・エト・インソリトゥム）」たるコミューンに入っている者を、祭祀禁止と破門の宣告によって排斥している。ちなみに、これらの宣告は一三〇七年になって制度化された。

ジュネーヴにおけるコミューン運動が公的に認知されていく過程の第二期で顕著なことは、よく知られているように、司教がこのコミューン運動へあからさまに「加担」していたことである。かかる「加担」が始まる契機となったのが、一三〇八年二月二十八日の裁定だった。なぜならば、この裁定により、コミューンの存在ばかりか、コミューンが「市民代表《サンディック》」または「検事総長《プロキュルール》」と称する代表を立てる権利が公認されたからである。かくして、この第二期は、中世ジュネーヴ史上でも統治構造に関わる重要な史料のいくつかによって次のように特徴づけられていると思われる。すなわち、これらの史料が示しているように、コミューンが法的に存在していたことが認められ、その組織や権能が規定されており、ついには、コミューンの地位が不可侵であることまでもが確立されたことである。

4. アデマール・ファブリの「自由特許状」

以上のような点からすると、一三八七年五月二十三日、司教アデマール・ファブリ（在位一三八五―一三八八）が都市ジュネーヴの住民らに対して自由特許状を公布し確証したことは、言うまでもなく、ジュネーヴのコミューン史において最も重要な瞬間となった。コミューンにとっての新しい出発点となったばかりか、それは、結局のところ、一世紀にわたる抗争の終結点でもあった。しかしながら、この自由特許状は、コミューンという政治的組織や、司教に対するコミューンの諸権限を公認していただけでなく、都市ジュネーヴで形成されてきた古くからの土着法源を、成文化により初めて確定した。

司教君侯アデマール・ファブリはこの地方のラ・ロッシュ＝シュール・フォロンの新市民《ブルジョア》的家庭をその出自とし、長きにわたってドミニコ修道会管区長（一三五三—一三五七）と司教補佐（一三六六—一三七七）という職階を相次いで務めている間に、この司教都市での法慣習に通暁していった。アデマール・ファブリ主導で編纂されたこの自由特許状は、第一に、その形式に関して言うと、ジュネーヴにおける「自由、特許、免除特権、法慣習」の確認文書である。そして、この形式を介して、都市ジュネーヴの聖職者領主はその権威に基づき、配下にある領民の諸権利を確認した。自由特許状では、コミューンの特権としての地位や、内容的にきわめて多岐にわたりジュネーヴ領民のなかで現に援用されていた慣習法が、明文にて規定されていた。たとえば、都市ジュネーヴの市民代表《サンディック》の任命、旧市民《シトワイヤン》に割り当てられていた夜間の市内治安機構がそうである。それればかりではない。自由特許状では、司法的事項に関して、教会とコミューン間での権限配分について規定していたばかりか、刑事事件に関して旧市民が本来的に有している権利や、非嫡出子の相続権をも認めていた。しかしながら、その内容に関して述べるならば、この自由特許状を特長づけているのは、司法事項に関する諸規定にうかがえるように、反ローマ主義[1]の姿勢である。たとえば、ジュネーヴ地方の慣習的な訴訟手続き——訴訟手続きは略式、口頭方式で、しかも土着言語で行なわれた——を維持していた。そのうえ、この自由特許状を特長づけていたもう一つの点として、利息附金銭貸借に関して自由主義《リベラリズム》的な態度を取っていたことである。たとえば、高利貸し《ユジュリエール》の生命、身体、財産、相続権を特許状は一般的に保護している。ジュネーヴ旧市民にとっての基本的自由権を一定の程度是認していたために、アデマール・ファブリによる自由特許状は、司教傘下からの解放やプロテスタントの宗教改革を超え、ジャン＝ジャック・ルソーと十九世紀のラジカルな歴史家らに至るまで、「ジュネーヴ的自由の根幹」（H・ファジー）として常に考えられていくことになる。

（1）十二世紀以後、ヨーロッパ各地の法廷で普及したラテン語と書面主義が、ジュネーヴでは拒否されたことを意味する。

5. 十四世紀におけるコミューン組織

アデマール・ファブリの自由特許状は、司教とジュネーヴのコミューン間の権限配分を規定しているが、代表市民選出に関する規定を除いて、コミューンの組織規範について、結局のところ何も含んでいない。しかも、これらの規定は断片的にしか確認されていない。大抵の場合は、第二次史料（総会審議録、刊行物または警告《モニション》）を介して確認されるに過ぎない。

間接的ではあれ、これらの史料によると、コミューンがその基盤としていたのは、十四世紀では市民総会《コンセイユ・ジェネラール》と呼ばれる総会だった。そこに結集していたのは、都市ジュネーヴに住むすべての旧市民《シトワイヤン》（ラテン語では「キーヴェース」）と、新市民《ブルジョア》（ラテン語では「ブルゲンセース」）、すなわち直系相続によりまたは新市民層推薦状《レットル・ド・ブルジョアジー》により市民権を保持している者ばかりではない。単なる新来者《アビタン》（ラテン語では「インコラエ」または「ハビタトーレース」）も含まれていた。しかし、新来者はあらゆる公的役職から排除されていた。街中のさまざまな区画において大声で発せられる告示とサン・ピエール寺院の大鐘楼の音でコミューンが召集されると、これを組織基盤として、市民総会が開催された。この市民総会は、都市ジュネーヴに関わるさまざまな案件を、十六世紀に至るまで非常に活発に議論した。それは、スイス中央部のいくつかの州《カントン》に見られるランツゲマインデ[1]のようだった。特に、この市民総会では、毎年二月にコミューンの正式な代表者として市民代表《サンディク》らを選出した。アデマール・ファブリの自由特許状が規定しているところでは、四名の市民代表に、十二ないし二十人からなる一定数の参事会員《コンセイエール》が加わり、市参事会《コンセイユ・オルディネール》が組織された。これは、後に小市参事会《プチ・コンセイユ》と称されることになる。

(1) いわゆる「青空議会」として知られる住民集会である。今日では、アッペンツェル・インナーローデンとグラールスに残るのみである。

第二章　中世ジュネーヴの最盛期（十五世紀）

ジュネーヴにとってコミューンが最初に編成された時期は初期の局地的封建戦争による混乱期に対応しており、しかもジュネーヴでの諸制度が公的に確立された時期も、十四世紀のほぼ全ヨーロッパにまで及んだ大災害により動揺した時代と重なっていた。ちなみに、飢餓がジュネーヴで猛威をふるったのは一三二二年であり、黒死病がジュネーヴを襲ったのは一三四八年と一三六〇年だった。しかしながら、ジュネーヴがその最盛期を迎えたのは、十五世紀においてだった。そして、それは大市が繁栄し、司教座所在地ジュネーヴに対するサヴォワ家による支配が確立された時期でもあった。実際にも十五世紀前半にジュネーヴの大市は最盛期を迎え、都市ジュネーヴの経済発展にも強い影響を与えた。わずか半世紀余り（一四〇七—一四四九年）のうちに都市の人口は二倍になっている。しかしながら、十五世紀中葉には、ジュネーヴ司教座をめぐってのサヴォワ家による支配の試みも達成された。これによって、この司教座は半ば制度的にサヴォワ家に併合された。これを可能にしたのが、自国領内のすべての司教区に対してサヴォワ家の歴代当主が有していた聖職者推薦権である。かかる権限は、教皇ニコラウス五世とサヴォワ家ルイ公との間で締結された一四五一年の聖教条約《コンコルダ》により認められていた。

I　ジュネーヴの大市とその影響が最盛期を迎えた十五世紀

1．大市の繁栄

A．ジュネーヴの大市とその覇権の確立

中世ヨーロッパの多くの大きな大市《フォワール》がそうであるように、ジュネーヴの大市（ラテン語で当初「フェリアエ」、後に「ヌンディナエ」）も、元来は街中の小さな定期市（ラテン語で「フォルム」）が発展したものだった。しかし、ジュネーヴの大市がヨーロッパの他の大市と特に異なっていたのは、「量や価値においても、取り引きされていた商品が重要だった」ばかりでなく、「十分に多様性に富む国際社会というものが存在し、『ナシオン』と呼ばれる外国人居住区が確立していたこと」（J＝F・ベルジエ）だった。

地理的に恵まれた位置にあったことにもよるが、ジュネーヴの大市がめざましく躍進をしたのはようやく十四世紀になってからである。その要因としては次の二点が挙げられる。第一には、シャンパーニュの定期市が衰退して商業の主要な流れが東方へと移動したという、西ヨーロッパでの経済状況の変化から逆説的な恩恵を蒙ったからである。第二には、教皇庁がアヴィニョンへと移されたことを起因としてプロ

ヴァンス地方で商取引や銀行取引が再開したことも、ジュネーヴの大市に有利に作用したからである。

商品交換のみならず金融取引という点においても国際貿易上の重要な中継地点の一つとして、ジュネーヴの大市はほどなく十五世紀前半にはその最盛期を迎えた。それは、「中世ジュネーヴにとっては最も輝かしい世紀だった」(L・ビンズ)。年間にして四回から七回——主要な祭日(公現祭、復活祭、聖ペトロの鎖の日、諸聖人の大祝日)以外にも、謝肉祭や、聖ペトロと聖パウロの祝日といった祝祭日ということになるが——ジュネーヴの大市は約十日間——もっとも、十五世紀末の数十年までで、それ以降は二週間になるが——にわたって開かれ、そこに大挙して集まって来たのは、商人、実業家、外国からの大商人、地元の小売業者、フィレンツェからの両替商ばかりでなく、ミラノやジェノヴァからの香辛料売り、ノルマンディーやフリブールからの織物商人らだった。しかしながら、外国から集まってくる商人や実業家のなかでも、イタリア人の数の多さは非常に早くから目立っていた。「大市の本質的機能としては次の二点があった。第一点は商品交換の場という機能であり、それは彼らイタリア人らによって促進された。第二点は金融市場という機能であり、それはイタリア人らによって作り上げられ、そして彼らによって独占された」(J＝F・ベルジエ)。さらに、活気あふれる外国人居住区《コロニー》を作り上げたという点でも、彼らは際立っていた。

B．ジュネーヴにおけるフィレンツェ系銀行メディチ

これらの居住区《コロニー》のうちで最も重要であり、しかも巧みに取り引き上の便宜やジュネーヴ市場での有利な諸条件を利用することによって、金融市場を支配することになった居住区がある。それを作り上げたの

が、「フィレンツェ出身者らのナシオン」だった。その構成員のうちで、最も重要な面々は、常にメディチ銀行子会社の幹部だった。ちなみに、このメディチ銀行とは、ジュネーヴで設立されたフィレンツェ系企業のなかでは最も歴史が古く、その創業は一四二四年から一四二五年に遡る。中心街《シテ》での活動に積極的に加わっていたこの子会社——それは、イタリア国外で初めて設立された独立会社であり、ジュネーヴでは一四二五年から六五年にかけて数多くの金融取引を手がけることになるのだが——の幹部らは、実際にも、フランチェスコ・サセッティ（一四二一—一四九〇）がそうであるように、次の二つの点において傑出していた。すなわち、第一には、公的融資に関し、継続的にコミューン当局者らに補助を与えていたということである。特に、コミューンの通常財政債務を引き受けるばかりでなく、臨時金拠出を求めるサヴォワ伯の定期的な要求にも対応していた。第二には、彼らが為した宗教上の寄付と財団が重要な意味を帯びていたことだった。

C．十五世紀ジュネーヴにおける大市の機構

両替業務の増加と金融取引の発展により、ジュネーヴは、メディチ銀行のおかげもあり、十五世紀の段階ですでに西欧の主要な金融市場の一つとなったばかりか、後にリヨンの大市に取って代わられるまでは、南北ヨーロッパ間の不可欠な中継地ともなった。このように両替業務が増加したり、金融取引が発展したことの大きな理由は、ヨーロッパ各地から到来した商品の取引量によるものだった。

これらの商品の大部分を売りさばいたのが、短期滞在中の商人と仲買人らである。彼らが、「露店営業

権」を使って商いにいそしんだのは、「高い台《オー・バン》」という簡易な組立式の店舗であった。木材でできたこのような番小屋露店は下町通り《リュ・バース》に連なるさまざまな商店をしのぐ軒数となり、中心街《シテ》によく見られる大きな軒先または「丸屋根《ドーム》」で雨風をしのいでいた。他方、外国からの商人たちが商品をまず運び込まなければならなかったのが卸売市場《ホール》である。そしてここで主要な卸売取引が行なわれた。その際に（重量、倉入れ、運送につき）徴収された税金のうち、三分の二は司教座へ、三分の一はコミューンへと支払われ、それぞれの財政をうるおした。

2．十五世紀ジュネーヴに対して大市が及ぼした影響

商業と金融という二つの側面で、十五世紀ヨーロッパ経済においてジュネーヴが果たした重要な役割は、のちにイタリア系としてはアルプス以北での主要な市場となるばかりか、アルプスを縦断する金融の流れを中継する重要な拠点となるほどにまで、司教都市としては例外的なまでの繁栄をもたらすことになる。それは、特に人口と文化という二側面において顕著だった。

A．ジュネーヴの人口と外国人居住区《コロニー》

人口に関し、十四世紀の長期化した大不況によって特徴づけられる西ヨーロッパと比較すると、「ジュネーヴは全くその例外であった。この町では『人口減少』が起こるどころか、その反対に顕著なまでに規則正しく、さらには一定の強度を帯びながら人口増加の時代を迎えた」（J＝F・ベルジエ）。驚異的とも言

えるこの人口増加のもとで、一四〇〇年から五〇年の間にジュネーヴの人口は二倍以上にまでふくれあがり、非常に多くの者が新市民層《ブルジョアジー》に吸収された。これを契機として、約一万二〇〇〇人の居住者を数えるまでになった司教都市ジュネーヴは、当時の西ヨーロッパ大都市のなかに数えられるほどではなかったとはいえ、十五世紀中葉よりスイス平野部では最も人口過密な都市の一つとなった。その結果、確かに「ジュネーヴの人口数は常に際限ないものとなっていき、この都市の影響力は経済にとどまらず宗教や文化にまで拡大していく」（L・ビンズ）のである。市街地が広がり、特にプランパレ側からさらにはサン＝ジェルヴェにまで及んだ。（現在も残っている）さまざまな町がそれぞれの固有の特徴を帯び始めた。たとえば、サン＝ジェルヴェは比較的に庶民的であり、すでに産業活動が盛んであった。マドレーヌはより商業的かつ裕福な地区だった。全く同様にして、職人や公証人が多いノートル＝ダム＝ラ＝ヌーヴの町には――もっともサン・ジェルマンとサン・クロワ両教区は聖職者と小規模な職人の町となっていたが――司教都市ジュネーヴの全居住者のうち、約一五パーセントが集まっていた。

このように町ごとの発展を遂げながら、ジュネーヴにはイタリア人とフランス人とが居住する大きな外国人居住区《コロニー・ゼトランジェール》が形成されていった。イタリア人居住区はその経済力で、フランス人居住区はその数による勢力で、それぞれ抜きん出ていた。それぞれの居住区への移民も同じような特徴を示していた。多くのイタリア人が実業界に属する新市民層に受け入れられた。他方、多くのフランス人は手工業や小売業にたずさわる新市民《ブルジョア》となった。

B. 文化生活

文化的側面では、神聖ローマ皇帝カール四世がボヘミアで発した創設許可の勅書《ブル》と、次いで、ローマ教皇マルティヌス五世が一四一九年から二〇年に公布した教書にもかかわらず、実際には、大学は開設されなかった。このため、十五世紀のジュネーヴは、文化的中心地でもなければ、文芸創造の揺籃地でもなかった。経済・金融制度で抜きん出ていたこととは対照的であるが、中世ヨーロッパ文化史のなかではジュネーヴがこのように相対的に遅れていたことは、決して我々の予想を裏切るものではない。それというのも、十五世紀中盤になって初期活版印刷術による印刷物が出現しているからである。これは、(ドイツの)フランケン地方シュヴァインフルト出身のアダム・シュタインズハーバーによって始められた。おそらく、彼は、大市を行き来していたドイツ人商人のなかにまじってジュネーヴにたどり着いたのではないかと思われる。

十五世紀終盤を控えたジュネーヴで仕事をしていた植字工の数は、一切合切ひっくるめても六名だった。彼らにより、サヴォワばかりでなくジュラからアルプスに及ぶさまざまな教区に、文学、神学、教会そして政治・法律に至るまでの印刷物が供給された。それらの印刷物のうちでも重要な比重を占めていたのは、宗教以外の内容であり、しかもフランス語で著述されていた。しかし、このなかには各地方で独自に著されたものは、実際のところ、含まれてはいなかった。

したがって、ジュネーヴは十五世紀ヨーロッパ文化の中心都市の一つに数えられなかった。だが、それでもやはり印刷文化の拠点として無視できない存在だった。ところで、司教都市ジュネーヴがさまざまな手工業職人を引き付けていたのは、外国人あるいは地元の市民のなかに裕福な庇護者がいたことにもよるが、特に歴代サヴォワ伯の宮廷が存在していたからでもあった。というのは、歴代サヴォワ伯は「学芸事については、大の庇護者」であり、「ジュネーヴそのものではなくとも、ジュネーヴ、トノン、リパイユ近郊に滞在することが頻繁だった」(L・ビンズ)からである。ところで、歴代サヴォワ伯が十五世紀全般にわたって重要な目標としていたのは、ジュネーヴを征服することだった。なぜならば、ジュネーヴは(サレーブ)山の向こうにあって、あらゆる意味において格好の拠点だったからである。

II サヴォワ家による司教都市ジュネーヴの征服

「歴代のサヴォワ伯は領民と彼らの自由の庇護者として振る舞ってきた。これに対して、サヴォワ公はコミューンと敵対してきたと言われている」(L・ミシュリ)。アルプスとジュラ両山脈にはさまれた地域をめぐってのこれまでの領土拡大政策は、十四世紀にフォシニーとジェクスとを占領した後、ジュネーヴ伯領そのものをアメデ八世が一四〇一年に買い取ってしまい、十五世紀初頭にはジュネーヴをサヴォワ領内にまさしく囲い込んでしまった。事実、歴代サヴォワ公は、自らへの同調者ばかりでなくコミューンへの敵対者を作るなどの操作をしながら、つまるところは、司教都市ジュネーヴを支配下に置くための政策を進めていった。しかしながら、以上のような点において、ジュネーヴの支配を目的としたかかる政策の実行に中心となってあたった当事者とは、サヴォワ伯からサヴォワ公となり、さらに後には対立教皇フェリックス五世となったアメデ八世、その人だった。この君主がその目的を達成するために取った手段とは、封建戦争時代のような実力行使ではなかった。むしろ、外交手段の援用によったのである。それも、コミューン当局に依存したのではなく、教会位階制に影響力を行使することによったのだった。

都市ジュネーヴ当局である司教とコミューンとが、好況に沸きかえる大市と市中にあふれる群衆に、為す術もなくふり回されるがままになっていることを口実として、手を打つこと四度のうち、アメデ八世が最初に試みたのは、以下のとおりである。すなわち、まず、ジュネーヴ市中の治安を維持することであり、次に、サン・ピエール教会の土地である司教都市ジュネーヴの都市条例を、自らにとって有利になるように改正してしまうために、教皇に働きかけたこと、である。こうして、アメデ八世は、ジュネーヴの司教領がサン・ピエール教会の財産として認められるように、二度にわたり画策した。まずは一四〇八年に教皇ベネディクト十三世に、次いで一四一九年には教皇マルティヌス五世に働きかけた。なお、その当時のジュネーヴ司教はジャン・ド・ベルトラン（在位一四〇八―一四一八）とジャン・ド・ロシュタイエ（在位一四一八―一四二二）だった。しかし、彼はただちに、司教、司教座聖堂参事会そしてコミューン当局らが結束した抵抗に直面することになる。これにもめげず、サヴォワ家のアメデ八世が三度目に取った方策とは、一四二九年、司教都市ジュネーヴを支配下に置くために、ジュネーヴ司教フランソワ・ド・メッツ（在位一四二六―一四四四）にこの都市の割譲を提案したことだった。しかし、この時もまた、司教とコミューンとの一致団結した抵抗に阻まれた。そこで、最終的には、一四三九年にフェリックス五世という名でローマ教皇に選出された際に、ジュネーヴの司教座へ自らを任じるという尋常ならざる迂回策により、アメデ八世は、支配者として司教都市ジュネーヴを支配下に置くという政策を達成した。

事実、その教皇在任期間中（一四三九―一四四九年）、サヴォワ家出身の対立教皇フェリックス五世は、一四四四年にジュネーヴ司教区を手に入れると、一般助任司祭らを介してその意思を通すようになる。一四四九年に教皇を退位したアメデ八世は、後任の教皇によりジュネーヴ司教の地位を保証された。ただちにサヴォワ公領における教皇特使に任命された彼は、一四五一年にその死を迎えるまで、ジュネーヴ司教の位を退くことはなかった。そのうえ、ジュネーヴ司教座に対するサヴォワ家の権益を守るために、アメデ八世は次のような方策を講じた。すなわち、退位によって恩義を与えておいた教皇ニコラウス五世に懇請して、サヴォワ領内の修道院ならびに司教区の頂点に任じられる管区長および司教を教皇に提案する特権を、息子のルイとその相続者らのために確保しておいた。このようにして、アメデ八世の後は、彼の二人の孫、すなわち、ピエール（在位一四五一―一四五八）、ジャン＝ルイ（在位一四六〇―一四八二）が、次いで、プロテスタントによる宗教改革が導入されるまで、約六代にわたりサヴォワ家の親戚と封臣がジュネーヴ司教座を受け継いでいった。この過程で、代々のサヴォワ公によるジュネーヴ司教座の支配が制度化されていくと同時に、ジュネーヴ司教領がサヴォワ家によって属国化されていった。これに対応して、ジュネーヴでも歴代司教とコミューンの関係も大きな影響を受けていった。このことが十六世紀初頭に両者間で起こる激しい敵対関係の種となり、ジュネーヴ史に変革がもたらされるのである。

第三章　政治的独立を目指すコミューンの闘いと司教領の終焉

（十五世紀末から十六世紀初頭にかけて）

十五世紀最後の三十年間と十六世紀最初の三十年間でジュネーヴ史にみられる大きな転換を理解するためには、ジュネーヴが置かれていた経済上かつ政治上の二重の背景を念頭に置いておくことが有益である。ところで、この時期のジュネーヴで特に二点を指摘しておかねばならない。第一点は、ジュネーヴの大市が衰退していったことである。第二点は、ジュネーヴがスイスに関心を向けていったことである。これは、ジュネーヴ司教ばかりでなくサヴォワ公との緊張関係に直面した都市ジュネーヴがその外交政策で新たな方向を選んだことを意味した。

I　ジュネーヴ大市の衰退

一四五〇年から一四八〇年の間に、すなわち、ほぼ四半世紀以上の間ということになるが、ジュネーヴは、アルプス以北の主要なイタリア系市場ではなくなった。それればかりか、当時の国際的金融取引上の要衡の一つでもなくなってしまう。おそらく約数十年の間、ジュネーヴはまだ商品交換の中心地として無視できない位置にあったであろうが、隣り合ったスイス各地での商業活動やらドイツからの商品流入という事情が加わっただけで、もはやそうもいかなくなってしまった。しかも、ジュネーヴは、これまで金融や為替取引で果たしていた重要な役割を、以後数世紀間にわたって完全に失ってしまうのである。

二十世紀中葉からJ＝F・ベルジエが行なった研究によって立証されるように、ジュネーヴ大市の著しいまでの衰退の原因は、リヨン大市を保護するために一四六二年からフランス国王ルイ十一世が講じたボイコット策だけによるものではなかった。この衰退は、景気変動ばかりかジュネーヴ大市の構造的な変容という事情に由来していた。こうした変化の最初のきざしはすでにその十年前から、すなわち、十五世紀中葉からジュネーヴに現われていた。

1．景気後退そしてジュネーヴ大市の構造的問題

供給の危機、金融の停滞、交通量の減少、サヴォワ・ジュネーヴで鋳造される貨幣の劣悪化――いかなる形態のものであれ、ジュネーヴ地方の重要な工業も農業も金融や貨幣流通を刺激し得なかったことも加わり――こうしたものはすべて、一四五〇年から六〇年にかけて、ジュネーヴの大市が危機に陥っていたことばかりか、ジュネーヴでの景気が悪化していたことを示した。このような経済的危機に、新たな構造的条件として、リヨン大市との競争が付け加わった。その歴史を遡るならば、リヨン大市とは、広汎な商

業上の諸特権や——たとえばすべての外国通貨が自由に流通するような——通貨政策上重要な諸特権のために、一四二〇年にフランス王権により公式に創設されたものであり、リヨンの実業界の了解のもとにルイ十一世により一四六二年以降再編成されていくことになった。そして、経済政策上ばかりでなく国家的見地からも新しく構想されたこのリヨン大市の再編成は、ジュネーヴ大市が瀕していた危機に深刻な影響を与えていった。

2. ルイ十一世とリヨン大市の勃興

リヨン大市を保護するためにルイ十一世が講じた措置についていうと、まずもって、一四六二年、フランス国内のフランス人と外国人商人に対してジュネーヴ大市への出入りを禁じた。翌一四六三年に出された措置は、リヨン大市の数やその特権を増やしており、露骨にも定期市開設の日取りをジュネーヴ大市のそれに重ねて、外国人商人にはリヨンかジュネーヴいずれかの二者択一を迫った。ジュネーヴのコミューン当局側としても、外交上のみならず経済上の対応を取ろうとした。すなわち、彼らは、新しくサヴォワ公の位に就いたアメデ九世（在位一四六五―一四七二）に懇請して報復措置を取らせた。そこで、アメデ九世は、一四六五年末に、アルプスをはさんでその南北両側に住む領民に対してばかりか、すべての外国人商人に対してもリヨン大市の出入りを禁ずる旨を布告した。このことにより、特にドイツ人商人らが以後リヨンへ出入りしなくなってしまった。サヴォワ家が講じたかかる大胆かつ一貫した政策は、大変な労力を払って一四七二年からは公領内の道路やアルプス特有の険しい峠道を整備し、一四七三年からは通行税を一律するという追加措置をも伴っていた。このため、ジュネーヴ大市は一四八〇年頃になるとある程度まで立て直した。それでもなお、ジュネーヴ大市が蒙った被害は甚大だった。というのは、両替件数が減少し、そしてフランスのソーヌ川両岸にイタリア系金融業者らが本格的に進出してしまったこと、特にメディチ銀行ジュネーヴ支店がリヨンへ移転されたからである。

もちろん、だからといってジュネーヴ大市が消滅することにはならなかった。しかし、ジュネーヴ大市が依拠していくものとしては明らかにスイスとドイツの商人をおいて他にはなかった。そして、これらの商人らが政治ならびに宗教両面において以後のジュネーヴの運命を決定的に方向づけた。

Ⅱ　スイスに接近するジュネーヴ――最初の兄弟都市同盟（一四七七―一五二六年）

ジュネーヴ側からのスイスへの接近とは、実際のところ、「三段階」で進行し、なかんずく政治的にも戦略的にもさまざまな要素も与っていたのである。

1．ブルゴーニュ戦争からのさまざまな波紋

ジュネーヴがスイスに接近するその第一段階は、折しも一四六二年から六三年にかけてルイ十一世が講じた「ジュネーヴ大市ボイコット」策から、一四七七年にベルン、フリブールとの間で締結された第一回

兄弟都市同盟に及ぶ時期にあたる。この第一段階で決定的な瞬間は逆説的ではあるがブルゴーニュ戦争に由来していた。なぜならば、この時こそジュネーヴが初めて政治的にスイス諸邦《カントン》と対峙したからである。

実際のところ、当初、スイス諸邦は、ジュネーヴを、ブルゴーニュ公の同盟者だったサヴォワと同様に、敵側だとみなしていた。というのは、ジュネーヴ司教ジャン＝ルイ・ド・サヴォワ（在位一四六〇―一四八二）が、ブルゴーニュのシャルル勇胆公《テメレール》に加担するようにと、ジュネーヴをけしかけていたからである。ジュネーヴ市当局が軍資金と加勢の兵隊をブルゴーニュ公側の陣営に送ったので、ベルン、フリブール、ゾーロトゥルン各邦からなるスイス軍はヴォー地方を侵略した後、一四七五年にはジュネーヴをおびやかすに至った。都市ジュネーヴの立場を弁明するために派遣されたジュネーヴ側の使節団に対して、スイス側はジュネーヴを容赦するための条件として二万八〇〇〇エキューの賠償金を要求した。これは、ジュネーヴ全市民の財産のほぼ十二分の一に相当した額である。しかし、要求されたとおりの総額を期日までに調達することができなかったために、まもなく都市ジュネーヴは中央スイスから襲来した武装集団からの脅威を受けることになった。これが一四七七年初頭に起こった有名な「気の狂った命《フォル・ヴィ》」(1)の襲来である。そして、もともと要求されていた賠償金額以上の額をジュネーヴはこの集団に対して支払うことを余儀なくされた。それでもなおこれらの予期せぬ事件は、ジュネーヴとスイス諸邦の関係が決定的に深刻になったことを告げた。実際にも、第二段階において、ブルゴーニュ戦争がスイス諸邦側の完全な勝利のうちに終結すると、政治的かつ戦略的な理由から、ジュネーヴ司教ジャン＝ルイ・ド・サヴォワは、これらの恐るべきスイス諸邦との同盟を懇請した。すなわち、一方では、特にベルンを主力としたスイス同盟側の勢力を無視できないからであり、他方では、一四七七年の「気の狂った命《フォル・ヴィ》」による討伐を経験した後では、中央スイスから到来するすべての脅威に備えて、これに匹敵する味方を確保しておくことにつながったからである。

(1) この武装集団は、当時のスイス・アレマン地方の政治権力者らから動員された若者らである。彼らは、雌豚の幟を掲げて、さながらカーニバルの行列のように、ジュネーヴに襲来した。当時のスイス・ロマンド地方がブルゴーニュ公側と妥協せざるを得なかった、緊張関係を示している。

　これらの条件のもとで、ジュネーヴとスイス諸邦との間での歩み寄りに関する最初の条約が公式に調印されたのが、一四七七年十一月十四日である。それは「司教自らのために」ばかりでなく「都市ジュネーヴのために」同盟に踏み切った、ジュネーヴ司教ジャン＝ルイ・ド・サヴォワおよびベルン、フリブール両都市との間で締結された条約という形式を取っている。交渉にあたりかつ署名したのも司教だったことから、兄弟都市同盟と相互支援を取り決めたこの条約は、司教存命中に限り締結されたものとみなされた。司教に引きずり込まれる結果となったが、ジュネーヴの新市民《ブルジョア》らはその市参事会員《コンセイエール》のうち二名をベルンにおける条約調印式に列席させた。そして、同盟邦が攻撃を受けた場合には彼らの君候側の立場に立って救援に駆けつけること、ジュネーヴばかりでなく司教区全域において同盟邦側の商人らが自由に往来しかつ商いをすることを保障すること、そして万が一にも紛争が発生した場合には仲裁手続きを受け入れることが締結された。

2．サヴォワ家支配下のジュネーヴとスイス同盟派らの役目

ジュネーヴがスイスに接近するその第二段階は、サヴォワ公シャルル三世の治世の前半期、すなわち、一五〇四年から一九年に都市ジュネーヴとフリブールとの間で新たに締結される兄弟都市同盟までの期間と時期を同じくしていた。それはきわめて激動に富んだ時代だった。すなわち、一方では、ジュネーヴ市民と都市ジュネーヴの諸権益に対して、サヴォワ公ばかりでなく自らの利益追求には貪欲な歴代ジュネーヴ司教による暴政がひどくなっていった。そればかりではなかった。他方では、フィリップ・ベルテリエ、レヴリエ家のピエールとアメーのみならずブザンソン・ユーグにより提唱されたように、抵抗とジュネーヴ愛国を標榜する精神が次第に形を取りつつあった。さらに言うなれば、ジュネーヴの愛国者らと歴代サヴォワ公により直接的にも間接的にも懇願されたので、スイス諸邦がそのような紛争の調停役として関与するに至ったという時代でもあった。こうしたことは次のことを示している。すなわち、それ以後、ジュネーヴは、愛国的ジュネーヴ人ら、換言すると、スイス同盟派またはアイドゲノ派（ドイツ語の「アイドゲノッセン（誓約者）」＝コンフェデレ）と称される、スイスとの同盟を支持する者らと、そして（イスラム教に改宗してスルタンの臣下となったキリスト教背教者の名である）マメルス派とも称されるほどに、サヴォワ家への盲従的な追従者らとの間にあって揺れ動いていった。

ジュネーヴがスイスに接近するこの第二段階において大きく影響を及ぼした要素が、政治制度である。すなわち、この第二段階が最も重要な局面を迎えた時に、一五一九年にフリブールとの間で兄弟都市同盟が締結された。こうした次第で、まずもって、サヴォワ公、サヴォワ出身の新しいジュネーヴ司教らに

よりあからさまに威嚇されたからであるが、ピエール・レブリエ、フィリベール・ベルテリエ、ブザンソン・ユーグらのように、反サヴォワという立場で突出していたジュネーヴ市民が、一五〇七年から一三年にかけて都市フリブールの新市民《ブルジョア》として受け入れられた。次いで、一五一七年から翌年にかけて司教ジャン・ド・サヴォワによる逮捕と訴追に苦しめられるという暴政に直面して、ジュネーヴの愛国者らは都市フリブール当局にかけ合ってジュネーヴとの間で兄弟都市同盟を締結させ、一五一九年二月六日にはジュネーヴ側の市民総会にこの同盟条約を批准させた。こうして、フリブールのみならず――フリブールがスイス同盟派との間で締結している諸条約を利用して――スイスの全邦がジュネーヴをめぐる問題に介入することになった。そしてこのことはサヴォワ側の野望に脅威を与えた。サヴォワ公側もこれに後れを取らじとばかりにこれら諸邦間での合議に介入して、一五一九年三月十七日には、全邦会議《ディエト・フェデラール》から、都市フリブールの当局に対してジュネーヴとの間の兄弟都市同盟を撤回するように命ずる旨の同意を取り付けた。しかしながら、それでもなおフリブール側はジュネーヴとの同盟を守り、一五一九年四月初めにジュネーヴがサヴォワの軍勢によって占領された時には、サヴォワ公を相手に戦端を開くに至った。最終的にはスイスの諸邦が再び介入することになった。というのは、諸邦としては、サヴォワとの正面衝突を回避したかったからである。すなわち、この介入により、和睦がサヴォワ公にとって有利となった。その結果、サヴォワ公側の軍勢が都市ジュネーヴから撤退し、フリブール側の軍勢もその兵営に帰隊した。そして、一五一九年四月十一日、ジュネーヴの市民総会は、フリブールとの間で同年二月六日に締結した兄弟都市同盟を公式に撤回することを余儀なくされた。

3. ジュネーヴ独立の苦難

一五一九年年頭の数か月にわたり、安全保障を目的としてジュネーヴがスイス側に接近したことをも含めるのは当然のこととして、ジュネーヴの運命はサヴォワ支配下に帰したかのように思われた。事実、司教ジャン・ド・サヴォワによって画策された一連の出来事が、そのことを裏書きする。すなわち、第一には、一五一九年八月二十二日から二十三日にかけて、スイス同盟派の中心だったフィリベール・ベルテリエが逮捕され、略式判決の後、イル島の城館の前で断首された[1]。第二に、一五一九年八月二十七日、選出済みの市民代表を罷免し、自由特許状とは反対に四名の市民代表を新たに任命した。第三には、同じ年の九月三日、サヴォワ公が介入に踏み切った。そして、自由特許状の規定をないがしろにしたことを自ら認め、市民代表選出手続きを改正した。すなわち、縮小された諸参事会が提示した八名の候補とそれらの諸参事会が任命した五十名の名士とに限定された名簿リストを基にしている「制限選挙」制度を、市民総会に採択させた。サヴォワへの隷属化がその頂点に達したのは、シャルル三世がジュネーヴを統治した一五二二年から二四年にかけての期間だった。すなわち、彼はその侍従の一人であるユーグ・ド・ルージュモンを司教領裁判長官《ヴィドムヌ》に任命して、その司法管轄を恣意的に拡大さえした。かかる措置に抗して起こされた抗議行動に対して、一五二四年三月二十四日から二十五日にかけて、スイス同盟派のもう一人の中心であったアメー・レヴリエを逮捕して裁判にかけ、その判決により処刑した。ちなみに、新しくジュネーヴ司教に就任したピエール・ド・ラ・ボーム（在位一五二二―一五四三）は、これらの事態に無関心だった。

（1）ジュネーヴ市内のイル島に残るイル塔の南側には、一九一九年、ベルテリエの立像が建てられている。

スイスの諸邦、なかんずくベルンが、サヴォワ公の二枚舌にようやく気がついてジュネーヴに対する政策を変更するには、サヴォワとの同盟を御破算にして国際政治上の方向転換をするまでもなかった。なぜならば、サヴォワは一五一六年以来、スイスの盟邦であるフランスの陣営から——スイスにとっては敵対者となる——神聖ローマ帝国カール五世の陣営へと鞍替えするに至ったからである。

4．スイス同盟派が直面した失敗から勝利まで

ちょうどこのような時に始まったのが、都市ジュネーヴがスイス側への接近を図る第三期である。それは、一五一九年以来サヴォワ公がジュネーヴでほしいままにした暴政を契機としてマメルスというサヴォワ派が諸参事会で圧倒的多数を占めていた時から、「亡命中」のスイス同盟派がスイス側の諸都市に根気強く働きかけた結果、一五二六年についにジュネーヴがベルンとフリブールとの間に兄弟都市同盟を締結するに至るまでの時期が、これに該当する。

そういうわけで、この時代は、まずもって、次のようなものである。すなわち、ほぼ六年間に、司教によって諸参事会に送り込まれたサヴォワ公派の諸勢力が、都市ジュネーヴ政府での立法にあたり、平和主義を逃げ口上として、権力を牛耳った。そして、「公爵様におすがりするに越したことはない。」というのは、このお方は、かくもよき君主であられるばかりでなく」、新しく大市の開設をも約束したのに対して、

「スイス側といえば、やくざ者の集団に過ぎぬうえ、人々を戦に駆り立てているではないか」と、マメルス派は述べていた。したがって、この時期は、スイス同盟派、すなわちスイス側との同盟を支持する会派にとり、地下活動を強いられる時となった。彼らは、アメー・レヴリエの処刑後には特に、大多数の新市民からの支持を集めてはいたものの、そのためにこそ、ジュネーヴを離れることを余儀なくされ、ベルンそしてフリブールに難を逃れた。ちなみに、こうした次第で、彼らは「亡命者《フュジティフ》」とも呼ばれた。しかしながら、この時こそは、対内的にも対外的にも大きな転換点となった。なぜならば、ジュネーヴがサヴォワ側に完全服従したとはいえ、六か月足らずでスイス側との解放同盟へと移行したからである。

実際のところ、第一段階において、一五二五年十二月十日、サヴォワ公はジュネーヴにおいて市民総会――「矛槍総会(1)」とも呼ばれている――を召集し、武力による圧力をかけることによって、スイス側との同盟関係をすべて破棄させ、ジュネーヴ司教の特権を尊重させ、市民代表選出にあたってはサヴォワ公による拒否権を導入することを可決させた。しかしながら、勝利を確信してサヴォワ公が引揚げるや否や、一五二五年十二月のことであるが、第二段階として、ブザンソン・ユーグに率いられた亡命中のスイス同盟派が相次いで次のことに成功した。第一には、一五二六年二月を待たずして、ベルン、フリブール両都市の参事会にジュネーヴとの兄弟都市同盟と相互援助条約を締結させた。第二には、ジュネーヴに戻ると、一五二六年二月二十四日、この条約を「準市民総会」に付託した。ちなみに、この総会がのちの二百人参事会の原型となる。第三には、その翌日、すなわち、一五二六年二月二十五日、司教ピエール・ド・ラ・ボーム臨席のもとに、「市民総会」を招集し――司教が教会側の権限に疑義を呈したにもかかわらず――フリブールとベルンで準備した兄弟都市同盟と相互援助条約を批准させた。

（1）威圧をかけるために、サヴォワ公が総会の場に矛槍兵（hallebardiers）を動員していたことによる。

当時、サヴォワ側はイタリア問題に深く介入していたので、軍事的にスイス側が優勢だった。そして、このことが、ジュネーヴにおいてスイス同盟派の立場が勝利を収めるにあたり、少なからぬ貢献をした。すなわち、司教ピエール・ド・ラ・ボームに圧力をかけ、ついには、ジュネーヴが兄弟都市同盟に加わるよう働きかけた。しかし、その一方では、スイス同盟派が政治的に巧妙であったことをも指摘せねばならない。すなわち、この勢力の中心人物らは、終始一貫した政治路線を維持し、そしてスイス西部の二大邦との同盟を、サヴォワに対する抑止力として利用するばかりか、ジュネーヴ独立のための基軸としても利用した。

社会経済的に見て同質の階層、ならびに、たとえば、商人層のように新しく台頭してきた階級の利害を代表していたので、スイス同盟派はジュネーヴの政治組織にスイス［ヘルヴェティア］精神を浸透させていった。そしてこの精神こそは、一五二七年から三四年にかけて諸制度の変革のみならず司教権力からの解放を導くことになる。

Ⅲ　諸制度の変革と司教権力からの解放（一五二七―一五三四）

スイス側に与する立場と独立を指向する勢力に帰した勝利は、信頼できる同盟相手をジュネーヴに与え、サヴォワ側からの併合政策に抵抗することを可能にしたように、ジュネーヴの外交政策に影響を与えた。しかし、それにとどまらなかった。ジュネーヴの対内政治にも大きな影響をもたらした。わけても、都市ジュネーヴの統治機構に及ぼした影響が大きい。「まごうことなき革命」であると評する歴史家もいるほどである。なるほど、まずは厳密な意味での政治制度について見ると、市民代表選出方法あるいは諸参事会の構成がそうであるように、この時に確立された政治制度は、長期間にわたって変化を受けながらも、フランス革命に至るまで存続した。次に、司法機構についてであるが、これは、ジュネーヴ司教による統制を完全に脱することになった。かくして、これより十年の間に、スイス同盟派は、都市ジュネーヴの盟主となり、ジュネーヴの諸制度に手を加えていった。その結果、自らの支配を揺るぎのないものとしたばかりか、この司教都市の独立をも確実にした。

1．諸制度の変遷

A．コミューンにおける統治構造の変遷

まず、厳密な意味での政治的側面において、諸参事会の機構に関してであるが、スイス同盟派は長期にわたって制度上の改革を加えていった。それは、実際に革命を起こして何かを転覆させることはないにしても、一つの革命に相当するものとなった。その対象となったのは、これまで八名に限定されたリストに基づいて選出されてきた市民代表の選出方法であり、そして諸参事会の指定とその構成である。諸参事会について、二百人参事会と六十人参事会が創設されたばかりか、両参事会による相互選出制度までもが設けられた。いずれの場合においても、実際のところ、スイス同盟派は徹底的に改革するのではなく、今までの慣行を制度化したに過ぎない。すなわち、外敵に対する防衛から教訓を引き出したにすぎず、外敵が取った手段をそのまま借用さえした。

以上のことは、実際のところ、スイス同盟派を動機づけた貴族的な気質からというよりは、縮小された諸参事会においてなおも残存している敵対勢力に直面しながらも、権力を保持していくための現実的かつマキャヴェリ的措置に他ならなかった。一方においては市民代表の選出に関して、スイス同盟派は、一五二八年になると、サヴォワ公が一五一九年に創設した投票者集団から、その権限を剝奪した。というのは、スイス同盟派が、あらかじめ市民代表《サンディック》を任命する権限を、新しい二百人参事会に与えておくためだった。他方、これに次いで、一五三〇年になると、スイス同盟派は、このようにして選出された市民代

表らから、小市参事会《プチ・コンセイユ》の参事会員を彼ら市民代表のみで選出するという権限を剝奪した。というのは、この小市参事会での参事会員の任命権限を二百人参事会にも与えるためだった。そして、そのうえ、同じく一五三〇年のことになるが、六十人参事会における参事会員の場合と同様に、これに対応させて、二百人参事会における参事会員の選出権限を小市参事会に与えるという決定が為された。こうして、一五三〇年以降になると、小市参事会と二百人参事会との間で参事会員を互選し合うという選出方法が確立された。

政治制度についての以上のような改革――それは、市民代表についての制限選挙と、諸参事会の間における相互選出制度を特徴としているのだが――を仔細に検討するならば、以下のことを指摘せざるを得ない。すなわち、一方において、スイス同盟派は貴族的政体をジュネーヴに「意図的に」確立しようとしたのではなかった。しかし、それでもやはり、彼らは、貴族的政体を樹立することに決定的な役割を果たした。他方において、以下のことを指摘しなければならない。すなわち、そうすることで、スイス同盟派は新しい制度を樹立したのではなく、敵方であるサヴォワ側から或る制度を取り入れて、それをサヴォワ側に対抗させたに過ぎないということである。その或る制度とは、ジュネーヴを支配するために、サヴォワ家のシャルル三世が一五一九年に画策した制度である。そして、さらに指摘すべきこととして、カルヴァンによる一五四三年の国制布告および「寡頭制傾向」（H・ファジー）に由来するものではないが、「或る制度に別の制度を導入するという、このような手法が都市ジュネーヴの古くからの民主的諸制度を事実上の貴族制へと移行させたのである」（J・B・G・ガリッフェ）。

しかしながら、スイス同盟派の活動は都市ジュネーヴを政治的に再編成するだけに止まらなかった。彼らが目的としていたのは、サヴォワ家からジュネーヴの独立を勝ち取ることだった。その活動は必然的に司法機構にも影響を及ぼすことになった。というのは、司法は完全にサヴォワ家とその配下の者に牛耳られていたからである。

B．司法制度の変遷

同様にして、徐々にそしてほぼ円滑に、ジュネーヴにおける司法が制度的に大きな変容を遂げていった。すなわち、民事・軽罪裁判所が再編成されることになったのである。従来までの司教領裁判長官裁判所に代わって、代官裁判所（一五二九年）が創設された。それは、裁判担当代官と四名の陪席判事とで構成される裁判所だった。さらには、検事総長職（一五三四年）も創設されたが、実際のところ、それは、財務執行官を司教から切り離すばかりか、検事局の権能を確立するためでもあった。

以上のような狭義の司法上の諸制度の変遷がその頂点に達したのは、一五三四年の夏に、ジュネーヴの諸コミューン当局がジュネーヴ司教による恩赦権を排除した時である。この排除により、ジュネーヴの司法はジュネーヴ司教と完全に分離した。そして、ジュネーヴ司教領はその終焉を迎えた。

2．司教領の最後をめぐる諸状況

スイス同盟派が「司法」組織方面で開始した諸制度改革は、もしきわめて特殊な政教状況下で起こっていなければ、司教領体制の最後へと帰着することはおそらくなかったであろう。司教－領主との関係が断絶されること、およびコミューンが司教領から解放されることとは、実際のところ、かなり例外的と言えるほどに、偶然の一致によるものだった。まず、一方では、ジュネーヴの政界や教会社会を動かす主要人物らの気質ばかりか、サヴォワ公ならびにスイス側諸邦が行なった政策状況が重なり合った。他方、ドイツ語圏での偉大な宗教改革者らが提唱するプロテスタント的理念が伝播し、これに起因して勃発した異宗派間での衝突のみならず、教会内の諸問題にコミューン当局が介入を拡大していったという諸状況もまた絡んでいた。

A. 司教側の姿勢とサヴォワ公の役割

まずもって指摘しておかねばならないことは、次のような著しい食い違いである。すなわち、一方では、サヴォワ公側のさまざまな企てに対抗して都市ジュネーヴの独立を守り、かつそのためには是が非でも（カトリック側にとどまった）フリブールと（プロテスタント側についた）ベルンとの同盟を維持するという態度を、諸市民代表とスイス同盟派の中心人物らが固めたということと、他方では、最後のジュネーヴ司教領主となったピエール・ド・ラ・ボーム（在位一五二二―一五四三）の気質が情緒不安定であり、絶えず駆け引きを行なっていたということ、これら二つの食い違いである。このような食い違いの下で、ピエール・ド・ラ・ボームのまさにその気質こそが、ジュネーヴ司教領体制の終焉を少なからず早めた。

ラ・ブレスに残るいくつかの名家の一つに出自を有し、かつサヴォワ家の封臣でもあったこの司教の態度は、以下のとおりである。すなわち、サヴォワ公が絶えずジュネーヴに対してかけていた圧力に左右される国際政治情勢のなかに結果的には置かれることになるだけに、直接的にはスイスの諸邦勢力からばかりでなく、間接的には自らの封臣や仲間内からの介入を警戒していた。

こうしたわけで、一五二八年からはスプーン団(1)が、次いで一五三四年からはペニー団が――亡命司教らがペニーの城館に結集したことに由来する――都市ジュネーヴを絶え間なく情け容赦のない封鎖へと追い込んだ。その一方では、一五三〇年に、サヴォワ公配下の者たちが、サン・ヴィクトール小修道院長であったフランソワ・ボニヴァール(2)をサヴォワ領内へと拉致連行し、シオン城内の独房に六年にわたり幽閉した。そこで、ジュネーヴがその独立を維持するためには、スイス側盟邦からの遠征と調停とをしばしば要請するしかなかったし、一五三六年初頭になってようやく封鎖から解放された時にも、レマン湖周辺のサヴォワ側所領が盟邦ベルンにより軍事的に征服されたからこそ、封鎖からの解放が初めて可能となったのである。

(1) このグループに属していたことの目印に、スプーンを使っていたことによる。

(2) フランソワ・ボニヴァール(一四九三―一五七〇)は、スイス同盟派に与して、兄弟都市同盟の推進に奔走した。このために、サヴォワ公からの反発を買い、彼はシオン城に幽閉された。

B. コミューンにおける宗教政策と司教領の終焉

しかしながら、同様にはっきりしていることとして、ジュネーヴにおける司教領体制の終焉は、著しく混乱した国内政治状況と密接に関係していた。この国内政治状況の特徴となっていたのは、常にコミューン当局が宗教上の諸問題にはっきりと介入していたことである。というのは、プロテスタント的理念の伝播を契機とした、一連の異宗派間抗争が続発したからである。これに起因するいくつかの大きな司法問題が、いずれは司教領の命運を決定的にすることになった。

実際のところ、この点に関し、まず指摘しておかねばならないのが、都市ジュネーヴの市民代表らと小市参事会が、教会内の諸問題について介入を拡大していったことである。まずもって、このような介入主義が顕在化したのは、教会参事会をめぐる諸問題においてである。なぜならば、数多くの司教座聖堂参事会員ら、そして司教区で貴族の家柄に属する子弟らと、マメルス派とサヴォワ中心主義との間で、明確な申し合わせがあったからである。そして、介入主義は、一五二八年の教会参事会選挙に圧力をかけるまでに至った。すなわち、亡命サヴォワ司教座聖堂参事会員に代わり、都市ジュネーヴ側の新市民のみならずフリブールの兄弟都市同盟派、さらにはプロテスタント側のベルンに亡命したカトリックの兄弟都市同盟派を送り込もうとした。しかしながら、教会内の諸問題への「コミューン当局」による介入主義が数多くの諸措置によって採られたのは、わけても、次の理由による。すなわち、宗教上の平穏を維持するためのみならず、フリブールとベルンという二つの同盟都市からの矛盾する要請を満たすためだった。このような介入主義の結果として、「新しい思想」を奉じていた外国人伝道者が数名ばかり追放された。たとえば、アントワーヌ・フロマンがそうである。そしてさらには、監視され、一五三三年の待降節に説教を行なった直後に投獄され、ベルンのお偉方の面前でその信仰について公的に尋問を受けたのが、ガイ・フルビティーだった。彼は、ルター派の「新しい思想」を奉じ、血気盛んで剛直なドミニコ会修道士だった。フルビティーは、「神およびベルンのお偉方らを冒瀆した」容疑で起訴されたのである。こうして、一五三四年の初頭、「前例のないことではあるが、一名の聖職者が、その信仰について、俗人らの集まる前で答弁することになった」(H・ネフ)。

こうした点において、それ自体でもきわめて示唆に富んでおり、司教領に終焉をもたらすことになるフルビティー事件よりも、一五三三年から三四年にかけて都市ジュネーヴの生活を動揺させた異宗派間での衝突に関係した二件の殺人事件の方がはるかに重要である。それらの二件の事件とはヴェルリー事件とポルティエ事件である。

最初の事件であるヴェルリー事件とは、一五三三年五月四日夕方、異宗派間での衝突が起こり、その原因はフリブール出身で司教座聖堂の新参事会員であるピエール・ヴェルリーが殺害されたことだった。実に、この事件では、都市ジュネーヴの「司教にして領主」なる司教ピエール・ド・ラ・ボームが当該事件を自分のもとへ移送させた法的権能が、市民代表らと小市参事会によって問題とされた。この時、市民代表らと小市参事会は、(アデマール・ファブリの)「自由特許状」によって与えられていた「刑事事件判事」としての自らの権限を根拠に、異議申し立てをした。最終的には、双方の間で妥協が為されることになるのだが、それでもなお司教ピエール・ド・ラ・ボームとしては、自分の訴訟移送権が再び問題とされたことに気分を害した。そして、一五三三年七月半ばに、その旨をあからさまにした上で、都市ジュネーヴをあとにする時に、よもや自分が再びここへ戻ってくることがあろうなどとは思いだにしていなかった。そこで起こった第二の事件とは、一五三四年二月三日、宗派間でのいざござの後に、司教座の看守により新教徒が殺害されたことをきっかけに起こったものである。これは、「都市ジュネーヴに対する司教支配権の終焉を告げる」に対抗して明らかに司教座側から策謀された事件であり、結果的にはジュネーヴに対する司教支配権の終焉を告げることとなった。このポルティエ事件が世に知られているのは次の事情による。共犯者の一人であり、司教座の看守にしてかつ司教座裁判所付書記であったジャン・ポルティエの住居で発見された白地証書の「代理官状」には、司教ピエール・ド・ラ・ボームの署名のもとに、フリブール側に対して、都市ジュネーヴの総督または代理官の地位を与えることを内容としていたからだった。この地位では、司教に代わり都市ジュネーヴを統治下におくために、「完全な権限とすべての裁判権」を行使することができた。ただちに予審審理が開始され、一五三四年三月十日、司教座書記への死刑判決言渡しで結審するや、ポルティエ事件により、都市ジュネーヴに対する司教支配権の根幹、すなわち、恩赦権の行使をコミューン当局が再び問題化することになった。都市ジュネーヴの自由が危機に瀕している事件の深刻さに鑑みて、ジュネーヴの市民代表らと小市参事会は、司教がこの司教座書記に与えた恩赦状を考慮に入れることを拒絶し、被告人を都市ジュネーヴの死刑執行人の手で処刑させた。

それからほどなくして、一五三四年七月末に、司教ピエール・ド・ラ・ボームは、都市ジュネーヴを去ってからすでに一年になるが、（途切れていた）ジュネーヴ在住信者と袂を分かったまま、サヴォワ公とも合意の上で、力づくでも都市ジュネーヴを支配下に置こうと試み始めた。次いで、八月二十二日になると、司教は都市ジュネーヴに破門を宣告し、司教座をジェクスに移すことを決定した。かくして、久しくジュネーヴの庇護者であったのだが、「司教の杖はジュネーヴに対して振りかざされた短刀となった」

（シャルル・ボルジョ）。これに対して、市民代表らと小市参事会は、教会参事会に対して司教座の閉門を言い渡し、その代わりとなる司教助任司祭、教会裁判所判事を任命するように要請した。しかし、これに対する回答を得られなかったので、彼らは、この点につき、司教座の裁判所と裁判官らをジェクスへと移転しないようにローマの教皇庁へ陳情した。ついには、一五三四年十月一日、市民代表らとジュネーヴの小市参事会は、司教座が空席のままになっていることを宣言し、司教公邸を占拠した。そして、この公邸はのちに司教座の牢獄として使用されることになる。このような状況を契機とし、これまで司教が握っていた収益特権を掌握すると、市民代表らとジュネーヴの小市参事会は、早くも一五三五年十一月末に、貨幣鋳造を決定した。そして、鋳造した貨幣には、コミューンの武器に加えて、「暗闇の後には光を〔ポスト・テネブラス・ルチェム〕」という標語が刻印された。この標語は、一五四二年になると、「暗闇の後には光あれかし〔ポスト・テネブラス・リュックス〕」という文言に改められ、今日に至るまでジュネーヴの標語となっている。これ以後、ジュネーヴは主権を備えた共和国となる。しかし、だからといって、公式にプロテスタント共和国となったわけではない。

第二編　ジュネーヴ、プロテスタント共和国

第一章　プロテスタント共和国の出現とジュネーヴにおける諸制度の再編成（十六世紀）

十六世紀になって何よりも際立つのは、ジュネーヴ史において新しい時代が到来したことである。すなわち、司教領から政治的にも宗教的にも二重の意味でジュネーヴが解放されたことにより、プロテスタント共和国としての新しい時代が到来した。一五三四年には司教君主と袂を分かって独立共和国となってはいたが、一五三六年になりジュネーヴが公式にプロテスタント宗教改革を支持するようになったのは、政治的独立を志向していたからに他ならなかった。確かに、このような宗教的独立はカルヴァンがジュネーヴに到着する以前に達成されていた。それにもまして、この偉大なフランス人宗教改革者は、ジュネーヴにおける諸制度全体に深い影響を及ぼした。ジュネーヴにおけるカルヴァンの事績がいかに大きかったかは、次のように、教会、政治・司法、道徳の三局面に現われている。すなわち、教会が再編成されたこと、スイス同盟派により開始された司法・政治改革が達成されたこと、そして、風紀改革が為《な》されたばかりでなく、学寮《コレージュ》と学院《アカデミー》とが創立されたこと、以上である。ラテン文化圏における新しい信仰の拠点として、ジュネーヴが宗教改革の牙城となりゆくことは至極当然のことだった。そして、ジュネーヴは、避難都市としてばかりか、「新教徒インターナショナル」本部の役割さえ果たした。かくして、その狭苦しい領土を越えて影響力を周囲に及ぼし始めた都市ジュネーヴは、スイス同盟諸邦からの支援のもとに常に戦備を整えた状態で、この期間中、サヴォワ家からの野心と陰謀に晒され続けることになった。

したがって、ジュネーヴが再びその城塞の内側にたてこもることになったのは、重要な意味を帯びている。ガリア時代の集落《オッピドゥム》時代や中世初期においてそうであったように、実際のところ、「ジュネーヴは再び要塞と化した」（L・ブロンデル）。なぜならば、このプロテスタント宗教改革の牙城はその周辺諸国と絶えず反目し合わねばならなかったからである。このような次第で、都市ジュネーヴでは、市街を収縮させるべく、当局の命令により、一五三〇年から四〇年にかけて、サン゠ジェルヴェを例外として、すべての周辺地域《フォーブール》が、系統的に取り壊された。取り壊したあとに残った瓦礫は、要塞建設《フォルティフィカシオン》や、大通り《ブールバール》を建設するために用立てられた。特に、大通りの建設により、「レフォルム」（改良という意味）という名の区画が新たに出現した。城壁内に籠城するというこのような後退を強いられたジュネーヴは、時を同じくして、これまで経済的にも宗教的にも自ら要となっていた周辺地域からも孤立することになった。その結果、都市としては、数世紀にわたり、きわめて独創的な運命をたどることになる。なぜならば、ジュネーヴはその地理的な周辺環境からは遮断されてしまったからである。もっとも、（ジュネーヴ）共和国が（ジュネーヴ）司教、サン・ヴィクトールの司教座聖堂参事会および小修道院から取り戻すことになる属領地は郊外にあり、雑多でしかも貧弱であったとはいえ、経済的機能を担っていた。

I　ジュネーヴにおけるプロテスタント宗教改革

1．宗教改革精神の伝播からその定着に至るまで

以上述べたような特殊な条件の下で、スイス盆地内の他の諸都市に続いて（たとえばチューリッヒでは一五二五年、ベルンでは一五二八年であるが）、そしてルターが一五一七年にヴィッテンベルクで意見書を貼り出してから十九年後とはいえ、まだジャン・カルヴァンが到着する以前に、ジュネーヴがプロテスタント宗教改革へ加担していく過程は、実際のところ、次の三段階で進行する。

第一段階は前段階とも言うべきもので、一五二五年から三二年にかけての時期である。ちょうどこの頃に、都市ジュネーヴの少数勢力の間で、当初はドイツ人商人、後にはこの教えに共鳴する同盟都市ベルンの牧師や修道院司祭らを媒介として、ルター（一四八三―一五四六）とツヴィングリ（一四八四―一五三一）らの新しい思想が初めて伝えられた。第二段階は、体制固めの時期であり、一五三二年から三四年に及ぶ。ちょうどこの時期に、新しい思想をめぐり、これを支持する勢力と反対する勢力とが激しく対立し合い、しばしば流血の惨事さえ生じた。特にヴェルリー事件（一五三三年五月）やフルビティー事件（一五三三年待降節）がそうである。さらに、この時期は、ともに同盟都市でありながら（信仰上は）互いに正反対の立場にあったフリブールとベルン両都市からの圧力により、コミューンレベルでの当局者らが駆け引きを繰り広げた時期でもあった。第三段階は、いわゆる確立期に相当し、一五三四年から三六年までに及ん

だ。ちょうどこの期間に、ベルンからの影響の下で、都市ジュネーヴの住民の大半と諸参事会において、この新しい信仰が次第に広まっていった。そして第三段階がその頂点に達したのは、一五三五年八月十日、二百人参事会によるミサの停止だった。ちなみにこの日は、これ以後、長らくジュネーヴにおける「宗教改革」完成の日とみなされた。他ならぬカトリック教徒の脱出が始まるのは、翌一五三六年五月二十一日、市民総会での歴史的決定が下ってからである。実際には、ポルティエ事件（一五三四年二月から三月）が起こり、一大転機となった。なぜならば、司教座裁判所付書記を裁判にかけ、死刑を宣告しかつ執行したことが、司教との決裂を決定的にしたばかりか、特に、一五三四年春には、フリブール側から一方的に（ジュネーヴとの）兄弟都市同盟との決裂をもたらしたからである。爾来、公的には宗教改革を支持しかつツヴィングリ派の立場を採っていたベルンが、ジュネーヴにとっては、唯一のスイス同盟勢力となった。その当然の結果として、諸参事会を牛耳っていたスイス同盟支持者派のうち、ベルンの立場と、宗教改革上の布教の自由とを支持する勢力が優越することになった。さらに、サヴォワ侯がジュネーヴ領に及ぼす軍事的圧力を前にして、一五三六年一月、ベルンは介入することを決意した。そして、ヴォー全体とジェクス、ジュネーヴ伯爵領とシャブレからトノンに至るまでの一部を、同時に併合した。占領し終え、ジュネーヴ側からの協力を得て、正式な拠点を置いた一五三六年三月末に、ベルンはシオン城に囚われの身になっていたボニヴァールを解放した。しかしながら、サヴォワのその他の地域はフランス国王フランソワ一世の支配下にあった。

結局のところ、政治的局面でジュネーヴが独自に自己決定することができたのは宗教上の事項だった。

すなわち、一五三六年五月二十一日付の市民総会において、出席者の挙手による決議[1]により、「福音書の神聖な定めと神の御言葉とに」従って生活し、「すべてのミサと、カトリックの堕落した儀式、御絵、聖像を廃止する」ことになった。なお、この決議は、もともとは一五三五年八月十日のジュネーヴ市当局の決定を追認したものであり、しばしば「レファレンダム」とも称された。かかる決議により、独立共和国は新教共和国となった。以上のことは、社会学的かつ人口論的にも、次のことを意味していた。すなわち、「二つの別々の集団である『聖職者層』、［中略］および『古くからの貴族層』とが、それぞれ担っていた役務とともに排除されていった」（J＝F・ベルジエ）ということである。そして、このことにより、ジュネーヴにおけるプロテスタント宗教改革を、「社会革命」（R・M・キングドン）のようなものとして、特に「反聖職者的改革」（同前）としてみなす論者らもいる。

（1）原文では「集団的な決議〔レゾリュション・コレクティヴ〕」となっている。原著者によると、「出席者の挙手による決議」だという。

Ⅱ　諸制度の再編成――カルヴァンの事績

一五三六年五月二十一日、プロテスタント宗教改革を正式に導入するに伴い、都市ジュネーヴは「中世キリスト教」的秩序との関係に終止符を打った。いかに主張されているとはいえ、当時のジュネーヴにおいて「諸制度」が全面的に転換されることはなかった。「諸制度」面での革命的変革がなかったのは、明らかに、ジャン・カルヴァンの事績によっているからである。しかしながら、それはまずもって、一五三六年以来、「司教君主制」にとって代わった「コミューン」が「集団指導体制」を敷き、統治に「いささかの空白をも作らなかった」からでもある。

かくして、司教君主制を政治的にも司法的にも引き継ぐことになったのは、ラテン語で言うところの「共和国」である。これは、イタリアにおける市参事会《シニョリーア》・領主という用語を使うならば、「ジュネーヴの参事会・領主〔シニョリーア・ディ・ジネーヴラ〕」となる。このように体制が入れ替わったにもかかわらず、この独立都市の市民たち——言わば新しい領主層ということになるが——と、農村部の住民たち——まさしく領民ということになる——との間での諸関係には何の変化も起こらなかった。ちなみに、農村部の住民たちは、後にプロテスタント宗教改革を自らに押し付けられることに気づくであろうし、しかも十八世紀末まで市参事会・領主に隷属させられることになった。領土という観点からするならば、新しい共和国が以上のような諸条件の下で占領するに至ったのは、かつて司教が有していたあらゆる財物および諸権限だった。このうちでも、三つの司教領《マンドマン・エピスコポ》である村(1)、すなわち、ペニー、ジュッシー、ティエが共和国に併合されたことを指摘しておかねばならない。しかしながら、共和国は、ティエの村《マンドマン》に関する限り、一五三九年以降になると保持することができなくなった。というのは、共和国がサン・ヴィクトール小修道院と司教座聖堂参事会の返還請求をしたからである。ちなみに、これらの土地は、単に「サン・ヴィクトール」、「シャピートル」、と呼ばれるようになった。

（1）「マンドマン」とは、ジュネーヴにおいて、旧司教領を意味した。この文脈では、「土地」、ないしは「所領」を意味する。

1．カルヴァンの一回目のジュネーヴ滞在（一五三六―一五三八年）

一五三六年七月に初めてジュネーヴを訪れたジャン・カルヴァン（一五〇九―一五六四）は、一外国人旅行者に過ぎなかった。ピカルディー地方の出身であり、元来は法律学を修めていたこの若き神学者は、パリから当時神聖ローマ帝国配下の帝国都市ストラスブールへの途上で、たまたまジュネーヴに立ち寄ったに過ぎなかった。この時、ギヨーム・ファレルにより引き止められたカルヴァンが、新しい信仰に確固とした形を与えた。

ジュネーヴの教会を再編成する必要に迫られた二名の宗教改革者、すなわち、ファレルとカルヴァンは、一五三七年一月十六日、小市参事会《プチ・コンセイユ》に教会規定条項草案を提出した。そこでは、「国家」に対する教会の独立という理念が謳われていた。この草案は、のちに宗教改革条項となるのであるが、以下の構成をとっていた。すなわち、（一）毎月一度はイエス・キリストの聖餐の交わりを行ない、聖餐の聖潔に値しない者を破門すること、（二）信仰告白の義務化、（三）信仰問答《カテキズム》教育を受けることの義務化、（四）（平信徒である）市参事会員と（教会）教職者とから混成された婚姻裁判所の制度化、という構成をとっている。

教会についての考えばかりか、この教会を国家から自律した権力として組織するという、教会規定における考えは、たちまちにして反対にあった。その結果、ジュネーヴの諸参事会は、聖餐の聖潔に値しない者を破門する権限を新しい教会に賦与しないと決定したばかりか、むしろ（教会）教職者らが聖餐陪席をすべての信者に許可するべきことを決定した。一五三八年の復活祭の当日に宗教改革者らがこれらの決定を受け入れないことを見てとるや、同年四月に二百人参事会と市民総会とは、ファレルとカルヴァンとを（教会の教職者の地位から）罷免するとともに、二人を（ジュネーヴから）追放することを票決により決定した。こうして、ファレルはヌーシャテルへと移り住んだ。他方、カルヴァンは、ストラスブールに移動し、当地でマルティン・ブツァー（一四九一―一五五一）からの協力を得て、フランスからの難民を受け容れた改革派教会を設立した。

2. カルヴァン、ジュネーヴへ帰還（一五四一年）

これ以後、「宗教改革者なき宗教改革」（H・ネフ）の道をたどったジュネーヴでは、ベルンの庇護のもとに短い期間ではあれ、確かに平穏な日々が続いた。しかしながら、ほどなくして、ジュネーヴは、ベルンでの諸慣行に拘泥する勢力、そして、カルヴァンとギヨーム・ファレルらの支持者らとの間で分裂してしまった。前者、すなわち、ベルンでの諸慣行に拘泥する勢力は、ジュネーヴのためとはいえ、あいにく、ベルン側との困難な交渉に巻き込まれてしまった。他方、後者、すなわち、カルヴァンとファレルの支持者らのみが、のちになって、ジュネーヴの独立とその名誉を支持する役割を果たした。最終的には、カルヴァンとファレルの支持者らが勝利を収めることになり、一五四〇年秋にはこれら二名の宗教改革者らを再招聘するようにと市参事会員らに決定を促した。ファレルはヌーシャテルを離れなかった。これに対し、一五四一年九月十三日になり、カルヴァンがジュネーヴに帰還した。以後、カルヴァンの名は永遠にジュネーヴと関わることとなった。

3. ジュネーヴの宗教改革者としてのカルヴァン（一五四一―一五六四年）

A. 教会の再編成、「ジュネーヴ教会規定」

ジュネーヴに帰還するやいなや、カルヴァンが着手した作業は、教会の再編成だった。この時、彼の念頭にあったのは、ストラスブールの改革派教会に倣ってジュネーヴ教会を組織し直すことだった。カルヴァンと彼の帰還後に設立された六人委員会とがこうして六週間以内に起草したのが「ジュネーヴ教会規定」だった。これは、一五四一年十一月二十日に市民総会により採択された。この規定により、ジュネーヴ教会は、正真正銘の成文規定であり独創的な教会規定を得たのである。

a. 四つの職制――ほぼ三世紀間にわたってジュネーヴにおける教会の精髄と組織とを規律することになったこのジュネーヴ教会規定では、その原則が明記されているばかりか、四つの職制《ミニステール》の次のような内容についても規定されていた。すなわち、神の言葉を宣教《プレディカシオン》し、教化《アンセニュモン》し、懲戒《デシプリン》を運営し、隣人愛《シャリテ》の実践を整然と実施することだった。四つの職制を担うのは、教役者《ミニストゥル》とも呼ばれる牧師職《パストゥール》、教師職《ドクトゥール》、長老職《アンシャン》――、そして執事職《ディアークル》だった。このうち、長老職とは、十二名から構成され、長老会《コンシストワール》において教役者と共同してその任にあたった。また、執事職は、自らの職制が命じるところにより、一五三五年に諸参事会により新たに創設された公的扶助機関である総合施療院《オピタル・ジェネラル》の会計係《プロキュルール》を務めてその職責にあたった。

b．カルヴァンの下での教会法――しかしながら、一五六一年にカルヴァン自身により改正されたジュネーヴ教会規定のなかには、次のことがらについて、詳細かつ多くの諸規定がおかれていた。すなわち、(一) 聖礼典の執行（洗礼と聖餐（一年に四回行なう）から成る）、(二) 婚姻の挙式（一五六一年改正の際に詳細かつ網羅的な規定が置かれた）、(三) 埋葬の執行、(四) 病者への訪問、(五) 囚人への訪問、(六) 子弟への宗教教育、である。

以上のようにカルヴァンによって構想され、かつマルティン・ブツァーからの精神的影響を受けていたため、ジュネーヴ教会規定は政治権力への服従を断固拒否していた。しかしながら、諸規定を検討してみると、教会は政治権力に従属してもいなければ連携してもおらず、言わば、政治権力に対して精神的な示唆を与えるようになっていることが認められる。たとえば、教会は、立法府と連絡を取りながら、風紀紊《びん》乱を防ぐために監視を怠らない。この点において、特徴的であると思われるのは、まさしく宗教と風紀を統制する機関たる長老会《コンシストワール》の機能である。長老会は、戒告《アドモネスタション》、特に破門《エクスコミュニカション》という制裁を振りかざしながら、重大な諸案件において、市参事会員《マジストラ》が強制力を行使すべきか否かについて、最終的に決定することができた。

B. 司法・政治制度の再編成、「民事布告」と「国制布告」

国家も教会と同様に神の言葉に拘束されるのであるから、カルヴァンはジュネーヴに帰還するやいなや、新共和国の司法・政治制度に対しても（教会に対するのと）同様の注意を払った。諸参事会に協力することになったカルヴァンは諸参事会側からの求めに応じ、ジュネーヴの布告《エディ》および政令《オルドナンス》の編纂に尽力した。その結果、特別に設けられた諸委員会のなかで、ジュネーヴの司法・政治制度が再編成された。

a. 民事布告――ローマ法を修め、優れた法律家でもあったカルヴァンは、訴訟手続きの重要性を認識していた。それゆえに、彼は、まずもって代官布告の編纂に決定的な役割を果たした。これは一五四二年十一月十五日に市民総会により採択され、ジュネーヴの民事訴訟手続きを名実ともに改革した。この布告を着想する源となったのは、「フランスにおける民事訴訟手続改革の動き」（J・ボアテック）とともに、ジュネーヴにおける古くからの実務慣習とローマ法である。しかしながら、カルヴァンの法思想もまた市民法改正に深い影響を及ぼすことになる。ちなみに、市民法は一五六〇年に採択され、一五六八年になり初めて施行された。まさしく法典という形を取っている民事布告は、一五六〇年に創設された委員会の起草による。そしてこの委員会で采配を振るったのがフランスのベリー地方出身の法律家であり、カルヴァンの友人でもあったジェルマン・コラドン(1)（一五〇八―一五九四）だった。彼は、宗教上の理由で、一五五〇年にジュネーヴに難を逃れてきた亡命難民でもあった。実際のところ、（アデマール・ファブリの）自由特許状によって規律された領域、すなわち、手続と私法に関するジュネーヴ固有法を漏れなく集成し、一五六八年に完成したものが民事布告である。これは、人文主義法学派とベリー慣習法学派のなかで教育を受けた学識法曹たる、コラドンの仕事に他ならなかった。ちなみに、コラドンは、一五三九年頃ブールージュにおいて、ベリー慣習法の公式編纂に関与していた。この点において指摘しておかねばならないのは、民事布告が確立したジュネーヴ法体系において、ローマ法が再導入されていることである。すなわち、布告に法の欠缺《けんけつ》が認められる場合には、遠い昔からの慣行に従い、ローマ法を一般法として補充することになっていた。そのほかにも強調しておくべきことは、民事布告が驚異的な長寿を保ったことである。すなわち、この布告はさしたる改正を受けることもなく、旧体制が終焉を告げるまで、プロテスタント共和国時代を生き延びたのだった。

（1）赤十字運動の創設者アンリー・デュナンの母親は、コラドン家の出身である。

b. 国制布告――ジュネーヴにおいてプロテスタント宗教改革が導入されたことは、政治制度の再編成をも促すことになった。その具体的結果が「官職および官吏についての政令《オルドナンス》」である。これは、一五四三年一月二十八日に市民総会により採択された。その起草に、カルヴァンもきわめて熱心に関与している。より一般的には国制布告とも呼ばれている一五四三年の「政令《オルドナンス》」は、一五六八年一月二十九日に改正された。このなかで規定されているのは、まずもって、新しいプロテスタント共和国の統治機構、その各参事会への選出方法、各参事会員の権限と特権だった。

c. カルヴァンがジュネーヴにおいて樹立した政治体制――この布告を起草するに際して考慮された諸条件を注意深く検討するならば、自らジュネーヴを初めて訪れた当時に援用されていた政治体制を、カルヴァンが是認し再導入したものに過ぎない。なぜならば、その体制が彼の宗教改革事業に適していたという点を、カルヴァンは高く評価していたからである。この体制は、まさしく互選制を特徴としていたため、縮小された諸参事会の諸権限が次のように拡大の一途をたどっていっただけに、将来に対して深刻な帰結をもたらした。すなわち、二百人参事会は、自らの基盤を考慮しつつ、市民総会へ委ねられるべき最重要決議案を立案しているうちに、徐々に自らが市民総会に取って替わることを望むようになった。特に小市参事会は、諸市民代表と共同して執行権を行使していたことにより、以下に述べるように、きわめて広くかつ多岐にわたる諸権限を集中させた。すなわち、都市ジュネーヴ内外の治安といった通常行政に始まり、法律発議に至るまでの諸権限である。なお、内外治安については、警備総隊長《キャプテン・ジェネラール》が協力していた。他方、法律発議の際、小市参事会は、市民総会と連携し、任命した実務担当者を総会の現場に配していた。

これまで互選によっていたので、これらの縮小された諸参事会は、市民総会によるコントロールを完全に脱していた。しかしながら、一五四三年の国制布告の起草者らは、最終的に布告条文の上でも市民総会の権限を制限し、縮小された諸参事会の権限を優越させた。以上のことが特にあてはまるのが、立法事項だった。すなわち、立法事項の場合、法案の発議権は公式にも市民総会から縮小された諸参事会へと移譲してあったからである。布告条文には次のように規定されている。すなわち、「すべての法案は、二百人参事会において審議する際には、小市参事会における事前審議を経なければならない。また、市民総会において審議する際には、小市参事会のみならず二百人参事会における事前審議を経なければならない」と。

d．カルヴァン指導下での新政治体制の運命――カルヴァンの協力によって以上のように明確に樹立された政治体制は、その後、どうなったであろうか？　確かに、この政治体制はカルヴァンの存命中にその基礎を固めた。しかしながら、相互に大きく異なった諸条件の下で、やがて都市ジュネーヴとその名が同一視される偉大な宗教改革者からの影響を反映し、この政治体制は、きわめて特長的な「二つの局面」を経ることになった。

・新しい「道徳秩序」に対する抵抗（一五四三―一五五五年）――一五四三年から五五年にかけての第一期とは、カルヴァンが意図していた新しい道徳秩序に対して組織された抵抗に他ならなかった。宗教改革者すなわちカルヴァンと彼の支持者らは、その大部分がフランスの出自であったためか、ペラン、ファーヴル、ベルテリエ家のような「ジュネーヴの旧家」からの強い抵抗に直面した。由緒あるスイス同盟派の後継者であるこれらの旧家は、カルヴァンが創設した新しい生活規範に反感を抱いていたからだった。しかも、その生活規範を統制した長老会が、「私生活の領域に、耐え難い程にまで介入」（E＝G・レオナール）してきたからだった。ベルンの当局者からの助力を求めていたペラン派は、カルヴァンの政策を一時は妨害したり、諸参事会で重要な役割を果たしたりした後、一五五五年には多数派を占めるに至るが、不穏な小競り合いの結果、その領袖らが裁判にかけられ、処刑されたりまたは追放された。こうして、風紀改革を首尾よく実施するための道が開けた。

しかしながら、十六世紀半ばのジュネーヴにおいてカルヴァンが提唱しそして長老会が実行したところの風紀改革によって引き起こされた抵抗は、幻想を抱かせなかった。なぜならば、この抵抗の起因となったのは、宗教的というよりは社会的な対立からであり、その根底には教理上的な性質というよりは戒律に関わる問題があったからである。以上のことを裏付けるに至ったのが、一五五三年にミシェル・セルヴェ〔ラテン語読みではミカエル・セルヴェトゥス〕事件に由来する悲劇である。この悲劇では、ペラン派政府の責任が、カルヴァンとその支持者らに劣らず関わっているように思われる。

セルヴェ事件（一五五三年）――スペイン・アラゴン出身の医師としてフランス・ドーフィネ地方ヴィエンヌの大司教に仕えていたミシェル・セルヴェ（一五一一―一五五三）は、三位一体説を否定する異端の立場を取っていたために、教会当局の注意を引いていた。ただちに彼はヴィエンヌの宗教裁判所により訴追・逮捕・投獄されたばかりか、異端として火刑の判決を受けた。一五五三年四月初頭に宗教裁判所の牢から脱走したセルヴェは、ジュネーヴにたどり着いた。しかし、自らの説教中に、セルヴェの姿を聴衆のなかに見つけたカルヴァンは、彼をジュネーヴ都市当局《マジストラ》に告発し、これまでセルヴェに対して提起されていた起訴理由を支持した。スイス国内の他の改革派教会にこの事件に関する参考意見が求められた。いずれも極刑の判断が下された。そこでアミ・ペランが議長をしていた小市参事会は、異端にして離教者であり、三位一体説の冒瀆者であることを理由にして、セルヴェに死刑判決を言い渡した。カルヴァンは、同じ死刑でもより穏当な刑にできないかと介入した。しかし、一五五三年十月二十七日、小市参事会はシャンペルにおいてセルヴェを火刑に処した。一九〇三年、そのシャンペルに、リベラル派のプロテスタントらが「贖罪の記念碑[1]」を建立した。この碑は、セルヴェの非業の死を今日に伝えている。

（1）今日、ジュネーヴ市内ラ・ロズレー通り（Avenue de la Roseraie）の路傍に残るセルヴェ慰霊碑の裏面に刻まれている文言である。

・カルヴァンの勝利（一五五五―一五六四）――一五五五年からカルヴァンが逝去する一五六四年までの第二段階に始まったのがジュネーヴにおけるプロテスタント共和国の確立であり、カルヴァンの勝利の確定でもあった。この時にこそ新しいプロテスタントの体制が最終的に確立され、「カルヴァンの都市」ジュネーヴが出現することになる。一度ペラン派が排除されるや、宗教改革者たるカルヴァンの支持者らは、宗教的信条により亡命してきた大勢の同志をジュネーヴの新市民層へ仲間入りさせた。その件数は一五五五年春の場合だと一か月足らずのうちに六十件を数えたほどである。その結果、彼らは、新しい社会学的基盤の上にキリスト教国家の出現を確かなものにした。かくして、かつて一五三六年にプロテスタント共和国を受け入れた小市参事会を構成していた参事会員は、だれ一人として、一五五八年のジュネーヴに留まってはいなかった。そのうえ、一五三六年時の小参事会員の末裔の三分の一は、この一五五八年にはジュネーヴを去っていた。こうしたことが実際に意味したのは、市参事会員《マジストラ》がこれ以後は牧師《ミニストゥル》に献身し、その結果、教会内ばかりか公民上の厳格な規律が定着したということである。このことを顕著に示しているのが、カルヴァンの厳格な教義を踏まえた「奢侈禁止令」が初めて公布（一五五八年）されたことである。同様にしてこのような例外的事態のなかでこそ、神聖牧師会を取り仕切っていたカルヴァンと、彼の意のままになっている小市参事会は、教育機関の再編成に着手し、学寮《コレージュ》と学院《アカデミー》（一五五九年）を創設した。これ以後、「フランス改革派諸教会の神学校」の役目を担い、その結果として西欧プロテスタンティズムの重要な拠点の一つとなったジュネーヴは、まさしくこの時にこそ、「プロテスタントのローマ」とみなされるに至った。

C. 風紀改革と教育再編成

a. 風紀改革と「奢侈禁止令」（一五五八年、一五六四年）――プロテスタント宗教改革とは、ちょうどローマ・カトリック教会による（権力）乱用とその聖職者らの風紀紊乱に抗した反動がそうであるように、まさしく宗教的な運動から発したものではあるが、直接的には、道徳的かつ社会的刷新を目指した広汎な試みに由来した。風紀改革を志向したかかる試みは、公序にも関わる治安令ばかりか、奢侈禁止令となって現われた。特に、後者の命令《オルドナンス》では、服装や会食に関わる贅沢品への支出を制限していた。

ジュネーヴでは、スイス国内の他の宗教改革諸都市においてそうであったように、風紀改革の試みが、まずもって次のような治安令によって始められた。すなわち、淫売宿ならびに混浴サウナ風呂を閉鎖することによって、売春および放蕩を厳しく取り締まることにとどまらず、賭博、酒場通い、遊興の禁止をも規定した命令《オルドナンス》である。このような趨勢があったからこそ、すでに一五三六年に、諸参事会は、市内の娼婦らに対して、その生業をとってジュネーヴを去るか、それとも廃業して市内に留まるか、いずれかを選択するように命じた。そして、カルヴァンは、一五四七年、郊外教会令の公布により、郊外の村々《マンドマン》において、風紀の厳重な取り締まりを課した。具体的には、歌、ダンス、賭博、酩酊に陥ること、遊興にふけることを禁じた。しかしながら、第一回の奢侈禁止令が小市参事会によってようやく可決され、市内全域にまで公布されたのは、一五五八年になってである。この命令によって規律化が図られたのは、「服装」や「宴会」に関係する贅沢品への支出のみならず、サウナ風呂がそうであるように、きっちりと男女別に仕切った上で、祭式および教理問答へも定期的に出席することであった。そのうえ、この命令は金銭賭博、賽子《さいころ》、トランプをも厳しく禁じていた。後に一五六四年に改正されることになるこの命令は、以上のように禁止事項を列挙する形式にて、カルヴァンの断固とした意志を次のように示していた。すなわち、贅沢に慣れきった大市都市ジュネーヴを、神の御言葉とその金科玉条とも言うべき節制にのみ規律される、厳格な「世俗修道院」へと移行させようというものだった。

b．学制の再編成、「ジュネーヴ学院学則《レゲース・アカデミアエ・ゲネヴエンシス》」（一五五九年）——新しい信仰を導入することを決した一五三六年五月二十一日の会議で、市民総会は、「貧しい者らを扶養しかつ彼らからは報酬を求めずに教育にあたるべき」人材を確保しかつ雇用すべきであること、しかも誰もが「その子弟を就学させるべき」

義務を負っていることをも同時に明言した。一五四一年のジュネーヴ教会規定は当時まさにこうした要請を明確化したに過ぎないとはいえ、次のように規定している。すなわち、「子弟を教育するための学寮を創立すべきであろう。しかして、彼らを聖職者のみならず、世俗官吏の途へと導くことができるであろう」と。

以上のことを具現化したものが、一五五九年六月五日、サン＝ピエール寺院でカルヴァン列席のもとに厳粛に公布された「ジュネーヴ学院学則」である。そして、これは、ジュネーヴの学寮《コレージュ》と学院《アカデミー》とを創設する規則となった。この点について、ストラスブール学院とニーム学寮に範を求めて着想したカルヴァンは、ジュネーヴにおける学寮と学院との創設により、幼児期から職業生活に入るまでの包括的学制の定礎を意図していた。なお、この学制は、教会の庇護と神聖牧師会の管理下に置かれ、キリスト教的人文主義という理念に立脚していた。古代の諸著作家の作品を講読しかつ理解することに重点を置き、できるだけ多くの学生を道徳的にそして宗教的に完成するために編成された、この学制の目的は次の点にある。すなわち、牧師と市参事会員を育成することのみならず、自らの信仰を理性的に説明することができ、神および都市ジュネーヴに対する自らの責任を自覚することのできる市民をも育成することだった。

当時の用語を借用するならば、プロテスタント共和国すなわちジュネーヴを「『その知識と信仰との母』たるまさに唯一の都市」たらしめることにより、カルヴァン創設による学寮と学院とは早くもヨーロッパ全体に影響を及ぼすようになった。もっとも、このうち、学院創立以来、学長を務めてきたのが、フランスのブルゴーニュ地方出身の神学者かつ法律家のテオドール・ド・ベーズ（一五一九―一六〇五）である。創立当初の学院にはわずか四つの講座（神学、ヘブライ語、ギリシア語、哲学）しかなかった。そして、宗教改革に基づく共同体が形成されたあらゆる諸国から、学生がジュネーヴに参集した。さらには、カルヴァン創設による学寮と学院とは、フランスのソーミュールからスコットランドのエジンバラに至るまで、宗教改革思想を取り入れた数多くの学寮と学院にとってのモデルともなった。

D．絶頂期のカルヴァンとその死後のジュネーヴの運命

ジュネーヴの学寮と学院とが創設された年である一五五九年は、確かに、ジュネーヴにおけるカルヴァンの絶頂期を示していた。なぜならば、この宗教改革者は、ジュネーヴにかくも多くの栄光をもたらしたばかりか、その著書『キリスト教綱要』の決定版を当地で発表したことにより、この年になり、ようやく都市ジュネーヴの市民権を得たからである。しかしながら、一五五九年とは、十六世紀ジュネーヴ史における転換期でもあった。なぜならば、同年に締結されたカトー＝カンブレジの和約により、フランスとスペイン間での戦争に終止符が打たれ、サン＝カンタンの勝者、すなわち、サヴォワ公エマニュエル＝フィリベールが、その世襲領地を回復し、反宗教改革を標榜としたカトリック勢力からの失地回復大攻勢を開始したからである。このような次第で、スイス同盟内のカトリック系諸邦との同盟関係を利用したサヴォワ公は、ベルンの当局者に対して、次のことを強制した。すなわち、ローザンヌ条約の締結（一五六四年）によりベルン側がヴォー地方を併合することを承認する引き換えとして、一五三六年に征服した領土の残り、すなわち、ジェクスからシャブレに至るまでを、サヴォワ側に引き渡すように強制した。これ

は、都市ジュネーヴがやがて再びサヴォワ公からのさまざまな野心に直面することを意味した。偉大な宗教改革者カルヴァンが他界したまさにその年（一五六四年）において、彼の都市であるジュネーヴに、新しい時代が訪れた。

III　プロテスタント宗教改革の牙城、そして避難都市としてのジュネーヴ

カルヴァンは、その生前にジュネーヴ学院総長テオドール・ド・ベーズを牧師会の議長に選出させることにより、自らの後継者を用意しておいた。それゆえに、カルヴァンが他界した後、内政方面において、顕著なまでに安定した期間が始まった。それは、政治諸制度のみならず宗教諸制度についても言える。その結果、この点に関する限り、「ジュネーヴ共和国では、一五六四年以降内政史が存在しない」（W・E・モンター）とまで主張する論者らがいるほどである。しかしだからといって、たとえばそれが市参事会員と牧師の関係であれ、市参事会員と市住民の関係であれ、あるいはまた参事会相互間での関係であれ、テオドール・ド・ベーズの下において、諸制度の変遷に何らの変化もなかったことを意味するのではない。

1．市参事会員と牧師との諸関係

テオドール・ド・ベーズが牧師会の議長に再任されて以来、市参事会員は、神の御言葉を司る牧師より

も自分たちの方が優越することを示さんがために、次のような措置を講じた。市参事会員は、ド・ベーズを、「末席の長椅子」に、すなわち、小市参事会内の会議机の末席にある長椅子に座らせ、接受することに決した。意味深長なことには、牧師の代表者であるド・ベーズは、その末席から、市参事会員らに対して語りかけるようになった。そして、より意味深長なことには、一五六八年以降の公的行事での行列に際して、ド・ベーズの意向どおりに、市参事会員が牧師を先導することになった。

　市参事会員らがその優越性を示そうとしたのは牧師に対してのみならず、市住民との関係においてもそうだった。この点に関して、スイスの諸邦の当局者《マジストラ》の態様に倣ったので、ジュネーヴの市参事会員らは寡頭支配的という傾向を帯びることになった。こうして、「ジュネーヴのお偉方」は一五七〇年以来、自分たちの威光を高めんがために、参事会会期中に黒の礼服《ローブ》を着用するようになり、さらに、一五八〇年代からは、通りで出会った折、平市民《シトワイヤン》に（ともに閣下を意味する）「エクセランス」または「プランス」と呼ばせて脱帽し丁重な挨拶をさせた。

2. 諸参事会間での諸関係

まさしく参事会間での関係においてこそ、寡頭支配的な諸傾向が最もはっきりとした形態をとって現われるのは、特に一五七〇年以降、課税に関して市民総会の権限を削減し、縮小された諸参事会のそれを高めたからだった。

　一五六八年に改正された国制布告は「以後二世紀以上にわたってジュネーヴの政治的諸制度の基盤」

（H・ファジー）となった。しかし、そこではいささかもそのようなことをうかがわせてはいない。なぜならば、改正された布告では、諸制度の運用に変更がほとんど加えられていないからである。実際のところ、運用は、布告と別の経過をたどることになった。すなわち、一五七〇年以後、縮小された諸参事会が行財政の管理を完全に掌握することになった。小市参事会に至っては、「都市ジュネーヴの財政収入を増額する権限」とともに、既存の税金を増額したり新税を導入する案につき、二百人参事会に提出する権限を、市民総会からきっぱりと剝奪してしまった。このように、財政に関するすべての権限を縮小された諸参事会へ委譲してしまったことにより、市民総会は租税についての同意権という重要な権限を失った。

その他にも、縮小された諸参事会は、市民総会のジュネーヴ共和国統治機能を徐々に蚕食していった。わけても、縮小された諸参事会のなかの小市参事会が、二百人参事会と六十人参事会を押し退けてまで自らの権益を確保していった。

次に述べる二つの逸話が以上のことをよく物語っている。第一の逸話とは、二百人参事会の参事会員であったジャック・ボテリエにより一五七八年に上程された諸制度改革案がたどった運命についてである。彼が提案したことは次のとおりである。第一には、二百人参事会に発議権を賦与すること、第二には、（同参事会の書記には感知されないように秘密投票という形式により）バロットと呼ばれる小球を使っての投票制度に移行すべきこと、第三には、発言をせずに出席するだけの十ないし十二名の参事会員らを小市参事会に増員すること、第四には、いくつかの裁判管轄区の構成を拡充することだった。起訴されたボテリエは、小市参事会に出向き、ひざまずいて加辱刑に服することを余儀なくされた。小市参事会が権力を主張する趨勢は、第二の逸話においてより鮮明な形で表面化した。それは、サヴォワとの間で起こった一五八九—九三年の戦争である。この時には、この上もなく広汎な権限（H・ファジー）を授権された七名の参事会員からなる枢密参事会が組織され、小市参事会と緊密な協力関係に置かれた。指摘されているように、*戦争指導参事会というものが問題となる。しかしながら、この参事会は二百人参事会はもちろんのこと、六十人参事会をも無視してしまった。

* Alain Dufour, *La Guerre de 1589-1593*, Genève, 1958, p.21.

小市参事会の基盤固めがなお一層図られたのは、カルヴァンの死後、その構成が安定化されたことによる。なぜならば、ごく稀な例外を除いて、一五六〇年当時に参事会員であった者はすべて、死ぬまでその地位を保持したからであり、しかもその大半の参事会員が自分の地位を家族の誰かに受け継がせたからだった。しかしながら、別の理由としては、都市ジュネーヴが、これ以後、新しい社会学的基盤に依拠するようになったからでもあった。すなわち、信仰を理由とした何千人もの難民が、都市ジュネーヴの城壁内に定住するようになったからである。なお、彼らのほとんどがフランスを出自としていた。

3. 第一期の亡命難民

ミシェル・ロゼ（一五六四—一六一三）の『年代記』によれば、「異邦人らが難を逃れてジュネーヴに住み着き始めた」のは一五四二年以来である。実際のところ、最初の「ジュネーヴ住民簿」（一五四九—一五六〇年）によって確認できるように、新教徒らを襲った最初の大規模な迫害が起こって以来、第一期の亡命難民が始まった。たとえば、フランスやイタリアでは一五四八年から五〇年にかけて、そしてイギリスではチューダー朝メアリー一世が在位中の一五五三年から五八年においてである。それは、ジュネーヴにおいて、カルヴァンが権力を掌握する時期と時を同じくしていた。ナント勅令の廃止（一六八五年）に続く第二期の亡命難民とよく対比されるように、第一期の亡命難民がたどった最も過酷な時期の一つがサン＝バルテルミーの虐殺（一五七二年）の直後にあたっていた。この第一期の亡命難民は十六世紀後半において、避難都市としてのジュネーヴの新たな役割を規定した。さらには、大市の都市であったジュネーヴが、まさしく社会文化的にも社会経済的にも変貌して、これ以後、フランス・プロテスタンティズムの牙城としての役目を果たしていくことになった。

A. フランス人亡命難民

イタリア人亡命難民、またはイギリスもしくはスペインからの一時的亡命難民がいかに重要であれ、以下のことは明らかであろう。すなわち、信仰上の理由により十六世紀ジュネーヴに押し寄せた亡命難民総数のうち、推計上、その三分の二（P・ガイゼンドルフ、R・マンドー）ないしは四分の三（W・E・モンター）を占めていたフランス人亡命難民が、人口統計上のみならず社会的かつ経済的観点からしても、この新教徒共和国の今後の趨勢にこの上もなく根本的な影響を与えた、ということである。これは、「十六世紀ヨーロッパ史に起こった主要な出来事の一つに数えられている。すなわち、ジュネーヴが少なくとも三世紀にわたって、フランスに対し、かつ、カルヴィニズムの立場から、いかに影響を及ぼし始めていったか」（R・マンドー）と言われていることの説明ともなるであろう。

したがって、数千人の移住者となったフランス人亡命難民は、人口統計上の点から見るならば、ジュネーヴの人口をまさしく爆発的に増加させた。ちなみに、ジュネーヴの人口は、一五五〇年から六〇年にかけて元の二倍となり、実に二万人以上を数えるに至った。その時代の戦争、食糧難、ペスト（最も甚大な疫病として、一五六八年から七二年にかけて流行し、都市ジュネーヴではその人口の五分の一が減少した）といった大災害による人口減少の後、フランス人亡命難民は、サン・バルテルミーの虐殺直後において、新たにジュネーヴの人口を増加させた。すなわち、一五七二年末までに一日あたり十ないし二十人の亡命難民が流入した。

しかしながら、フランス人亡命難民は特に社会的のみならず文化的な局面において、ジュネーヴに根本的な変化をもたらした。主としてフランスの中小ブルジョアジーを中心とした第一波では、人文主義者、新教教義伝道者、印刷業者、出版業者に限定された知的エリートの他にも、多数の手工芸職人と熟練職人らが到来した。第二波では、かなりの数にのぼる貴族と新教牧師らが、言わば自由業者の代表という形で押し寄せてきた。この時には、ほぼ同等人数の出版業者、卸売業者、熟練職人をも伴っていた。このような次第で、避難都市ジュネーヴのあらゆる社会的様相がすっかり一変するに至った（J＝F・ベルジエ）。これだけではない。何千人にものぼるこれら新教徒難民の出自はフランスのうちでも中部というよりはむしろ北部と東部であり、彼らが話していたのはフランス語であって、ジュネーヴの民衆が話すフランコ・プロヴァンス方言ではなかった。そこで、彼らの多くがジュネーヴの新市民層に受け入れられた。他方、彼らのなかの知的エリート層は神聖牧師会、長老会ないしは学院という場を通じて、新教教会のみならず高等教育の運営に参画していった。

B. イタリア人亡命難民

フランス人亡命難民と並んで、カルヴァンとテオドール・ド・ベーズの都市、すなわちジュネーヴに流入してきて、まさしく外国人居住区を建設した亡命難民らがほかにもあった。ごく短期間しかその居住区が存続しなかったのであるが、スペインとイギリスからの亡命難民がそうである。これに対して、以後長期間にわたって存続していった居住区がある。イタリアからの亡命難民が建設したものがそうである。一般的に、これらの外国人居住区は、それぞれの民族文化を保持しながら、民族ごとに、牧師職から執事職に至るまでの吏員《ミニステール》を配した、自前の新教教会の周囲に営まれていった。

その居住区が長期間にわたって存続したという点で、最も注目に値するのがイタリア人亡命難民である。一五四八年から五〇年にかけて建設され、一五五三年からはイタリア人の牧師職、長老職そして執事職のいる独自の新教教会ばかりか、たとえばイタリア人取引所のような自前の支援制度、そしてひいきの印刷業者をも有することになったイタリア人亡命難民が、フランス人亡命難民のものとは一線を画する諸外国人居住区のうちでも、ジュネーヴに及ぼした影響は最も顕著だった。なぜならば、イタリア人亡命難民がジュネーヴの人口に占める割合ばかりか、その社会的位置が重要だったからである。

イタリア人亡命難民居住区には、一方ではピエモンテからヴェネトに至るまで、他方ではルッカからナポリに至るまで、同じイタリア半島でもこの上もなくさまざまな地方や都市ばかりでなく、スイス領内ヴォー地方のさまざまな渓谷からやってきた移住者が寄り集まっていた。イタリア人亡命難民居住区は、フランス人亡命難民居住区に次いで、ジュネーヴでは外国人居住区のなかでも最大のものだった。次に、この居住区の社会的概観についてであるが、ここジュネーヴでは、なるほど貴族階級が君臨しはしたが(J・B・G・ガリフェ)、それよりも、むしろ、「氏族的《クラニック》」形態(W・E・モンター)を帯びているがゆえに根強い「相互結束関係」の方が優越していた。この「相互結束関係」を特徴づけていたのは、一方では、はっきりとした族内婚制であり、他方では、イタリア人移民たちの出身諸都市における婚姻相続上の風俗習慣への執着だった。

イタリア人亡命難民が最も顕著であったのは、明らかに、それが社会的にも経済的にも分離主義的傾向を帯びていたことである。こうして、一五五〇年から六〇年以来、イタリア人居住区では、絹織物業と高級生地織物業とが主要な生業となった。その発祥地となったのは、ジュネーヴに定住したイタリア・ルッカ地方の絹織物商人からなる大商会《グランド・ブティック》である。十六世紀末の以上のような社会経済的変貌により、イタリア人亡命難民居住区からは伝説的とも言えるような社会的かつ知的エリートが輩出することになり、注目に値する。すなわち、神学、自然科学、法学各分野で傑出した人材を輩出させたディオダーティ、トゥレッティーニ、カランドリーニ、ファスィヨ、ミシュリ、ブルラマッキといった家系が生まれた。

Ⅳ　経済と社会

1. 初期亡命難民の社会経済的影響

フランス人亡命難民またはイタリア人亡命難民のいずれを経るのであれ、初期亡命難民到来の効果は、早くもジュネーヴの社会構造に対して、きわめて直接的な影響を及ぼした。「宗教改革に際して権力を掌握した新市民層は、十六世紀末になると、外的要因により、増強され、かつほぼ制圧されてしまった。大商人の息子や孫息子らが、一五三〇年から四〇年にかけて、工房の責任者あるいは知的専門職となった。とりわけ、一五五九年に学院が創立されたことにより、新教牧師、法律家、医師、学者としての影響は、第一世代であるにもかかわらず、顕著だった」（J＝F・ベルジエ）。しかしながら、初期亡命難民は、一五四〇年頃までは大市開催により大商業都市であったジュネーヴの経済的再生をも、まさしく規定した。伝統的には商業を生業としながらもやや停滞気味であった都市ジュネーヴに、何百人もの職人や特殊技能者——たとえば、印刷工、出版業者、織師、染物職人、繊維職人、金銀細工職人、金属加工職人——が到来したことは、この都市の経済に転換をもたらしたと言うほかない。なぜならば、新しく到来した亡命難民のなかには、一文なしではあっても、ノウハウと進取の気風だけは持ち合わせている者もあれば、他方、商売道具として資本をたずさえてきた者もあったので、これら両者があいまって新たな活動を引き起こし、起業を可能としたからである。

出版業（印刷業、書籍販売業）を別とすれば、宗教改革都市ジュネーヴの筆頭地場産業とは、何よりもフランス人亡命難民の生業であり、ロベール・エティエンヌ、コンラッド・バディウス、アントワーヌ・ヴァンサン、ジャン・クレパンによって代表された。すなわち、それは、一方では羊毛、そしてなかんずく絹の織物業だった。これこそが、十六世紀末には主要な輸出産業として出版業にとって代わった。そしてこの新しい産業を手中に握ったのが、ルッカ出身者をリーダーに据えたイタリア人亡命難民であり、そのなかでも傑出していたのが「大商会」出身のフランソワ・トゥレッティーニ（一五四七—一六二八）である。他方、十六世紀後半には、フランス人亡命難民がもたらした生業により、大きな将来を約束された別の産業が新たにジュネーヴで誕生した。それは、時計製造業だった。その職人となったのは、大半がフランス人亡命難民だった。彼らは金銀細工職人らと連携した。その結果、時計製造業は、早くも十七世紀末、特に十八世紀末までに、ジュネーヴ経済の基幹部門の一つとなった。

2. 文化的名声

ジュネーヴでは、まさしく地場産業としての印刷業と出版業とが発展した。その原因となったのは、宗教改革思想の伝播と、ヨーロッパ中に名声を博するに至った学院の発展である。その学院では、知的生活と宗教的生活とが融合するに至った。ジュネーヴが早くもその名を高めたのは、フランス語、英語、イタリア語の『聖書』のみならず、ユグノー教徒の『典礼用詩篇』、カルヴァンの『キリスト教綱要』といった重要な書物のことごとくについて、ジュネーヴ版を刊行したからである。同様にしてジュネーヴを有名にしたのが、テオドール・ド・ベーズの『為政者の異端派制裁権について』(一五五四年)、『為政者の臣民に対する権利について』(一五七四年)、フランソワ・オマン(一五二四—一五九〇)の『フランコ＝ガリア』(一五七三年)、デニス・ゴドフロワ(一五四九—一六二二)の編纂による『ローマ法大全』(一五八三年)である。これらの刊本から、ジュネーヴの学院の名声のみならず、人文主義法学が法学徒らに早くも受け入れられていたことをうかがい知ることができる。

V 対外政策

一五六〇年代以降、都市ジュネーヴのあらゆる対外政策は、政治的かつ宗教的解放という諸条件により規定されていたように思われる。かくして、そうした外交政策は、ベルンの同盟諸邦ばかりでなく年来の敵対者たるサヴォワ家歴代諸公との関係により規定されることになる。この点において、都市ジュネーヴの対外政策ははっきりと二つの時期に区分することができる。

1.「ベルンによる平和」(一五三六—一五六四年)のはらむ危険

一五三六年から六四年にかけての第一期では、これまでジェクス地方、およびジュヌヴォワ、シャブレ両山系のサヴォワ領をベルンが征服し統治することになった。そして、二十五年以上に及んだサヴォワによるジュネーヴ包囲策に終止符が打たれた。その結果、ジュネーヴの対外政策と外交とがまずもってかかえこむことになったのが、強力な解放者でもあるベルンと、そのベルンによる兄弟都市同盟に対して、まだ日の浅いこのプロテスタント共和国のアンビバレントな立場である。都市ジュネーヴ当局としては、自らの同盟諸邦と手を結ばねばならなかった。なぜならば、これらの同盟諸邦が、政治、領土の両局面において、ジュネーヴの保護者となったからである。

このようなアンビバレントな立場が顕在化するのは一五三六年以後である。すなわち、隷属状態に置かんとするベルンの企てに抵抗を余儀なくされた都市ジュネーヴは、政治、領土の両面においてベルン側の立場を優先させるという代償を払ってのみ、兄弟都市同盟を十五年間延長し、永続的な条約を締結することができた。こうして、ベルンからの同意がなければ、ジュネーヴは、同盟関係を締結したり保護を求める権利をもはや行使することができなくなった。ジュネーヴが発展するとしても、それは旧司教領《フランシィーズ》(1)においてごく限られた形で領土を伸張できるに過ぎず、しかもサヴォワから勝ち取ったバイイ裁判所管区から、数多くの土地と教会禄とを強大な同盟相手であるベルンに委譲せねばならなかった。ついには、ジュネーヴの見守るなかで、ベルンは教会財産を交換するために、フランス国王フランソワ一世にティエの村(かつては司教領)を委譲した(一五三九年)。そして、ティエの村は、以後完全にジュネーヴの主権から離れることになった。

(1) ナント・ド・トレナン、シェマン・ド・グランジュ・カナル、ルート・ド・シェンヌ、シェマン・ド・ラ・シエヴィラルド、シエマン・ドゥ・ヴエルール等がこれに相当する。

2. サヴォワからの脅威、同盟の拡大、戦争（一五六四—一五九三年）

カルヴァンによる勝利と彼の死の直後に、一五三六年にいったんは取得したジェクス、およびジュヌヴォワ、シャブレ両山系を、ローザンヌ条約（一五六四年）に従って、一五六七年にベルンがサヴォワに返還するという新情勢となった。このため、ジュネーヴは、歴代サヴォワ公と直接に対峙するという状況に置かれた。以上のことが、第二期において、できて間もないプロテスタント共和国の外交政策を新たに規定することとなっていく。当時、この政策を規定していたのは、第一には、伝統的なスイス〔ヘルヴェティア〕同盟であり、第二には、サヴォワとの新たな対抗関係であったように思われる。第一の条件では、スイス同盟を強化しかつ拡大するべきかが問題となった。第二の条件では、即時にかつきっぱりとサヴォワ家との新たな対抗関係を自覚すべきことが必要となった。その結果として、一五七〇年の妥協案は、一五八九年から九三年の戦争へと展開した。なぜならば、外交がヨーロッパ的規模にまで及んでいたからである。

A. ゾーロトゥルン条約（一五七九年）からチューリッヒ、ベルンとの兄弟都市同盟条約（一五八四年）まで

第一段階では、サヴォワ公エマニュエル＝フィリベール（在位一五五三—一五八〇）が国内問題のうちでも特にベルンから返還されたバイイ裁判所管区の再編成にわずらわされていたために、ジュネーヴに直接に脅威を及ぼすことはなかった。あるとしても、それは外交手段の範囲内にとどまっていた。しかも、そ

の外交手段はスイス国内のカトリック派諸邦に向けられていた。だが、事はそれにとどまらなかった。まず、宗教的側面から述べておく。前述のローザンヌ条約が履行された。この条約は、ジェクス地方、およびジュヌヴォワ、シャブレ両山系から取り戻した土地について、ベルン側から強制されたプロテスタント信仰の維持を是認した、信仰の自由を制度として想定していた。それゆえ、サヴォワ公は、その治世期間を通じて、領内のプロテスタント宗派領民が自由に信仰することを黙認した。それは、君主の奉ずる信仰がその領民の宗教となるという原則の例外ということになる。もっとも、領民らの長老会の存在と、彼らを導く牧師職らの年金には、彼は手をつけなかった。次に、政治的側面について述べておく。一五七〇年以来、サヴォワ公はジュネーヴ側との間で一つの妥協案を取り付けた。それは、交易の自由を前提とし、サヴォワ側とジュネーヴ共和国側との間での商取引の安全を保障することを目的としていた。

しかしながら、サヴォワ側の究極的目標とは、あくまでジュネーヴの再征服だった。そのことを如実に物語るのが、一五七八年、ジャック・ド・サヴォワ、すなわちヌムール公が、「プロテスタントのローマ」たるジュネーヴに対して奇襲攻撃を試みようとし、その準備をしたものの、途中で挫折したことである。それからほどなくして、ジュネーヴ側は、ベルンの同盟軍に外交活動範囲を拡大すべき好機が到来したとたきつけて、サヴォワに備えた都市ジュネーヴの一層の安全保障の確保に努めた。このような次第で、ベルン側当局者らがフランス国王アンリ三世に協力を仰いだ後で、フランス、ベルン、およびカトリック系邦のゾーロトゥルンは、一五七九年五月八日に、ゾーロトゥルン条約を締結した。その目的は、サヴォワ側からジュネーヴの安全保障を確保することだった。

一五一六年のフランス国王フランソワ一世とスイス諸邦との〔フリブール条約〕締結によって、ジュネーヴが永続的平和のなかに置かれたことが幸いし、ゾーロトゥルン保護条約は、ジュネーヴの旧市民《シトワイヤン》らがフランス領内で行なう商業活動をも保護した。すなわち、彼らをフランス臣民と同等に扱ったのである。それればかりではない。ベルンとゾーロトゥルンの同盟軍が都市ジュネーヴの救援に駆けつけようと決心するたびに、この条約により、アンリ三世は、一五〇〇名からなる軍勢をジュネーヴ側に提供することを余儀なくされた。その結果、都市ジュネーヴに対するフランス側の新たな政策方針が確立した。すなわち、フランス国王は「ジュネーヴの新たな庇護者」(L・クラメール)となったのである。

エマニュエル＝フィリベールが死亡し(一五八〇年)、そしてその子であるシャルル＝エマニュエル(在位一五八〇―一六三〇)が新サヴォワ公として即位した。シャルル＝エマニュエルは、サヴォワ公国領をイタリア領内にまで拡大することのみならず、あらゆる手段を使ってでもジュネーヴを占領しようと決意していた。このため、ゾーロトゥルン条約によって確立されたジュネーヴ保護規定が、早くも試されることになった。事実、都市ジュネーヴは一五八二年以降、若きサヴォワ公に率いられた軍勢による激しい攻勢に晒された。

サヴォワ公は、スイス国内のカトリック系諸邦との同盟条約を一五八一年以降も更新することを取り付けた。サヴォワ公によるこのような外交戦術に直面して、ジュネーヴとベルン両当局は、自らの同盟関係を、スイス国内のほかのプロテスタント系三邦にまで拡大しようと努めた。プロテスタント系三邦とは、チューリッヒ、バーゼル、シャフハウゼンである。これに対してバーゼルとシャフハウゼンがためらったので、ジュネーヴとベルン両当局はチューリッヒからの同意を取り付けるに至った。このような次第で、一五二六年にベルンとジュネーヴとの間で締結され、一五三六年と一五五八年に相次いで更新された兄弟都市同盟条約は、一五八四年八月三十日、ジュネーヴがベルンとチューリッヒとの間で二重に締結した同盟条約へとその内容を転じた。そして、この同盟条約は、一七九八年に至るまで、プロテスタント宗教改革の牙城たるジュネーヴに対する、スイスの二つの最強邦からの支援を確かなものとした。

B．ジュネーヴ封鎖と一五八九―九三年戦争

損害、外敵からの攻撃、戦争に際しての助力と救援とを想定し、一五八四年八月末にチューリッヒで締結された二重同盟条約は時宜に適っていた。一五八五年以降、シャルル・エマニュエル公は、都市ジュネーヴに対し、最初に苛酷な経済封鎖を布いた。なかんずく、ジュネーヴに向けたサヴォワ産穀物の輸出をことごとく禁止し、ジュネーヴへ供給される物品もすべて配下の「穀物査察官」により押収させた。次いで、シャルル・エマニュエル公は、ジュネーヴ再征服計画のために、二名の強力な同盟者を当てにすることができた。その二名の強力な同盟者とは、スペイン国王フェリペ二世と新ローマ教皇シクストゥス五世だった。

まずスペイン国王との関係についてである。その次女である王女カザリンをサヴォワ公が娶っていたので、カトリック勢力がジュネーヴを再征服せんとするすべての企てに、スペイン国王は好意的だったようだ。これに対し、新教皇シクストゥス五世（在位一五八五―一五九〇）は、ジュネーヴに代表されるよう

な異端の温床を一掃せんとの決意から、ジュネーヴを教皇庁の属領とすることを夢想していた。しかしながら、教皇からの御墨付きのもとに、異端都市ジュネーヴを討伐目標とした十字軍遠征は、当初の計画どおりとはならず、行なわれなかった。その理由は、フェリペ二世がこれを中止したためである。すなわち、イギリス侵攻という一大計画と、無敵艦隊《アルマダ》戦備調達とのために、兵力を割けなくなっていたからである。次に、サヴォワ公によって布かれた経済封鎖についてである。一五八七年から八八年にかけての冬に至るまで、二年にわたるこの経済封鎖は、ジュネーヴを飢餓状態に陥れた。しかし、ジュネーヴを陥落させるにはほど遠かった。むしろ、この封鎖が契機となって、ジュネーヴでは市参事会員らのなかで共和国防衛部隊《パルティ・ド・ラ・ゲール》が編成された。そして、これは、テオドール・ド・ベーズ率いる聖職団からの支援を受けた。

当時、この共和国防衛部隊が一五八八年末になって勝利を収めることができたのは、一つには、この地方に起因する理由があったからである。それは、ジュネーヴ向けの穀物の積荷をレマン湖上でサヴォワ側が押収したという事件に由来していた。もう一つとしては、次のような一連の「国際情勢に起因する理由」もあったからである。まずもって、一五八八年夏にスペインの「無敵艦隊」が大敗北を蒙った。次に、同年秋には、フランスとの和解条約を破り、サヴォワ公がサルッツォ侯爵領へ不意に攻め入った。ついに、同年十二月、シャルル゠エマニュエル公にそそのかされたイスブラン・ドォがローザンヌで陰謀を企て、ヴォー地方をベルンから引き離そうとした。こうした一連の出来事によりジュネーヴの同盟諸邦は戦争を決意し、ジュネーヴ当局の決定により、共和国防衛部隊が軍事行動に投入された。

C. その後の紆余曲折と戦争の終結

ジュネーヴ側およびその同盟諸邦との主導のもとに一五八九年四月に開始されたこの戦争は、同年の夏には一転してジュネーヴ側に不利な戦局となり、実際のところ、国際的戦争という形から、一五九〇年から翌年にかけて、ジュネーヴ郊外での局地戦へと姿を変えてしまい、しかも決定的な勝敗もつかなかった。しかしながら、事態が宗教戦争としてばかりでなく、独立戦争としての性格を帯びているからには、かかる局地的紛争により、ジュネーヴは、それでもなおその主権とその宗教を守り抜くために、スイス国内の同盟諸邦のみならずフランス国王を頼りとした。

この点について、ジュネーヴ側が、一五九三年劈頭にサヴォワ側との和平交渉の仲介斡旋を意味深長にもスイス側に要請したのは、一五九三年七月末に(フランス国内の)旧教同盟派とアンリ四世との間でラ・ヴィレットに於いて締結された全面的停戦が、旧教同盟派の同盟国であるサヴォワばかりでなく、アンリ四世側の同盟国であるジュネーヴにまで及んでいたからである。その後、この停戦は更新され、一五九八年にフランスとスペインとの間で合意されたヴェルヴァン講和条約となった。この条約によれば、条約当事者とも称される締約諸国のなかに、明文でもってサヴォワを含めてはいるが、ジュネーヴについては間接的にスイス側同盟諸邦のなかに含めていたに過ぎない。アンリ四世とは異なり、サヴォワ公シャルル＝エマニュエルは都市ジュネーヴに対して全面講和の効果を認めなかった。なぜならば、彼は、依然としてジュネーヴ住民を自らの領民であるとみなしていたからである。

フランスとサヴォワの間の対立に終止符を打ったのは、一六〇一年一月十七日に締結されたリヨン条約である。この条約により、サルッツォ侯爵領と引き換えに、サヴォワ公からビュジェ、ヴァルロメイ、ラ・ブレス、ジェクス地方、以上の領土の割譲を受けたので、フランス国王は、シャルル＝エマニュエル公に対して、ジェクスを除くジュネーヴ近隣すべての土地の支配に再び任じた。この時、ジェクス地方はフランス王国に編入された。そしてこの地方がフランスから切り離される可能性は、永遠になくなった。取り戻すための交渉を幾度となく試みたにもかかわらず、最終的に、ジュネーヴはジェクス地方を取り戻すことができなかった。というのは、一五八九年にフランス国王に貸し付けた戦費の回収を放棄せざるを得なくなるからである。結局のところ、ジュネーヴ側がアンリ四世から得たのは、領土割譲による補償という点では、シャンシー、アヴュリー、エール＝ラ＝ヴィルの各村落であり、賠償金という点では、ジェクス地方での租税と関税の免除という特典に過ぎなかった。

D. ジュネーヴ周辺での反宗教改革

以上の一連の政治的諸事象が失敗と受け止められたのは、サヴォワ公側での外交的成果が、聖フランソワ・ド・サール〔フランシスコ・サレジオ〕司教（在位一五六七―一六二二）とカプチン派修道会との牧会活動による恐るべき宗教的失地回復と表裏一体となっていただけに、なおさらだった。聖フランソワ・ド・サールとカプチン派修道会は、カトリック信仰を回復しようとし、特にシャブレ地方において、しばしばサヴォワ公側からの助力のもとに、かつて五十年以上も前に得た地盤を取り戻した。その際に、彼らは次のような措置を講じることがしばしばだった。すなわち、ベルンの顕官らの（プロテスタント的）信仰に則り、これと同一の手法だった。その結果、カトリック側宗教改革にまさしく反宗教改革の特徴が加わった。実のところ、カプチン派修道会という新たな布教者らの宗教的熱情はとどまるところを知らなかった。というのは、新たな布教者聖フランソワ・ド・サールが——彼は後に一六〇二年十二月初頭にジュネーヴ司教に任命されてからは「ジュネーヴ教区司教猊下」ということになるのであるが——いささかの躊躇もなく、一五九七年には秘密裏にも三度にわたって現地を訪れ、手強き相手に、ローマ・カトリック教会が奉ずる信仰に復帰すべきことを促したからである。その相手とは、テオドール・ド・ベーズだった。ド・ベーズは、自己の宗教的信条にはいささかの揺るぎもないばかりか、「シャブレの伝道者」（R・クラインマン）たる聖フランソワ・ド・サールへの対応には慎重だった。「ファレルの時代に比べると、なんという変容か！　熱情と大胆とが、今まで不利な形勢にあったカトリック側に移ったのである。ナント勅令を口実にして、フランソワ・ド・サールは反宗教改革の事業を推進していった」（J・クルヴォワジエ）。

第二章　十七世紀のジュネーヴ

十七世紀はジュネーヴにとってまずもって「不幸の世紀」であり、「冷たい戦争」と社会経済的な危機にさいなまれた暗い時代だった。すなわち、三度続けてのペストの流行を経験し、深刻な食糧危機に襲われ、意味深長なことには、ジュネーヴは「エスカラードの夜」を迎え、ついには不本意ながらも「太陽王」による保護下に置かれることになる。かくして、ジュネーヴの政治史は、サヴォワ公からの圧力と、フランス国王からのそれとの間での緊張関係のもとに展開していった。しかしながら、十七世紀とは過渡期の世紀でもあった。すなわち十七世紀は、社会経済的局面において、深刻な経済的危機と長期の不況の後に起こった新たな産業的、商業的、金融上の動きと、ジュネーヴが地中海方面を対象にした経済から大西洋方面を視野に入れた経済へと方向転換したこと、以上の点に特徴づけられている。他方、文化的局面において、十七世紀は、プロテスタント的スコラ学のヘゲモニーから、理性主義の勃興へと移行していくことで注目を引く。そして、この理性主義は後の啓蒙精神（文字どおりには「光の精神」）の前触れとなるのである。

I　十七世紀初頭の政治的状況

ジュネーヴが船出した十七世紀とは、きわめて複雑怪奇な国際情勢のなかにあった。すなわち、共和国はその政治的かつ宗教上の立場により、戦争と平和との狭間にあったのである。

実際のところ、一方では、「プロテスタント宗教改革」の牙城であるジュネーヴは、ローマ・カトリック勢力下にある全キリスト教会にとって、まさしく「生身につきささった棘《とげ》」だった。しかし、ジュネーヴは、一五九八年のヴェルヴァン講和条約にも、そして一六〇一年にフランスとサヴォワの間で締結されたリヨン講和条約にも、明文でもって当事者として記載されていなかった。他方、ジェクス地方がフランス国王に永久に帰属したことから、リヨン講和条約により初めてフランスは避難都市たるジュネーヴと直接に交渉することになった。そして、それ以後、「いとも敬虔なキリスト教徒なる王」（フランス国王）は、サヴォワ公からの度重なる挑発に晒される都市ジュネーヴにとって、強力な庇護者となった。

1．一六〇二年のエスカラード〔梯子作戦〕

旧暦一六〇二年十二月十一日から十二日にかけての深夜の間に、サヴォワ側は、奇襲によりジュネーヴを一撃のもとに占拠しようと試みた。この攻勢は、以下のような政治・外交上の文脈のなかで理解されるべきである。すなわち、全面戦争となった際にはフランス国王アンリ四世が即時に介入してくるのではないかと危惧し、かつ、スペイン側からの抵抗と同様にローマ教皇庁からの慎重な出方に直面しながらも、サヴォワ公シャルル＝エマニュエルは、既成事実政策を実行することにより、事態を一変させようとした。かくして、シャルル＝エマニュエルが厳重な秘密のうちに立案したものが深夜のエスカラード作戦である。そのために、一六〇二年に入るや、ジュネーヴとサヴォワ間での新たな和解案をめぐっての交渉準備を継続させ、ジュネーヴ当局側の警戒心を鈍らせるように特に画策した。

シャルル＝エマニュエル配下の軍司令官ブルノリュとダルビニーが周到に準備した攻撃は、一年のうちでも日照時間が最も短い冬至の日の夜間に敢行された。そしてそれは次の二段階を経た。第一段階は、その大部分がサヴォワ貴族からなる二〇〇ないしは三〇〇人からの精鋭部隊が、先陣を切って都市ジュネーヴのコラトリー付近の城壁に梯子をかけて城内に奇襲をかける〔エスカラード〕ことだった。第二段階は、実質的にその大部分をスペインおよびイタリア出身の傭兵が占める二〇〇〇人以上の職業軍人で編成されたサヴォワ公軍主力部隊が、新しい門《ポルト・ヌーヴ》から突入して、あらかじめ取り決められた合図があるまでは城壁近くにとどまる、ということだった。ところが、造幣塔を出発して警戒中のジュネーヴ側巡察隊がそれを見つけると、歩哨イザック・メルシエは機転を利かせて、新しい門《ポルト・ヌーヴ》の落とし格子を降ろしてしまった。その結果、サヴォワ側の攻勢は水泡に帰した。さらに、後々まで記憶されるほどの激しい戦闘が五回も繰り返され、[1]ワの城塞砲による砲撃で、サヴォワ側攻囲軍の梯子が吹き飛ばされた。ようやく敵軍が完全に撃退された。

（1）ワ（Oye）は、現在のバスチオン公園内で、プラス・ヌーヴ寄りの一画である。

宣戦布告を全く欠いていたとはいえ、この侵略の試みは失敗に終わった「ジュネーヴのエスカラード」として、ヨーロッパ中に余波を与えた。「宗教戦争」の文脈において、プロテスタントのローマは「奇跡的に解放されたこと」になる。このことにより、はからずも「ジュネーヴ―聖なる都市」という伝説が生ずるに至った。すなわち、聖なる都市ジュネーヴは、「至高の存在」である神が「ジュネーヴ人らの守護者」として出現されたことにより救われた、というものである。そして、事件を記念して作られた当時の最も有名な歌〈セ・ケ・レノー〉(1)はこのことを謳いこんだものであり、今日に至るまで、ジュネーヴでは最も普及した愛郷的民謡である(2)。

（1）ジュネーヴ方言で「至高の存在」、すなわち神を意味する。
（2）サヴォワ側攻囲軍の撃退を記念し、今日、十二月十二日直前の日曜日に「エスカラード」と題する祝祭が、ジュネーヴ旧市街で開催されている。

2. サン＝ジュリアン条約（一六〇三年）

「エスカラード」の翌日から、ジュネーヴ側はその庇護者であるアンリ四世、同盟国であるベルン、チューリッヒに援軍の派遣を求めた。そして、フランス、ベルン、チューリッヒから約一〇〇〇人からなる増援部隊を得た。同時に、都市ジュネーヴ当局側としては、まだ郊外に残留しているサヴォワ側軍勢に対して攻勢に転ずることを決定し、サン＝ジュリアンそしてエヴィアンにおいて攻撃をしかけた。さらには、アンリ四世が毅然としてジュネーヴ側を支持する態度を示していること、そして、サヴォワに対して彼が再び戦端を開く準備をしていることがわかったので、シャルル＝エマニュエル公は、ジュネーヴ側の市民代表らと小市参事会と和平交渉に入ることを決意した。交渉の結果、一六〇三年七月二十一日付でサン＝ジュリアン条約が締結された。この条約のなかで、サヴォワ公がジュネーヴの独立を承認することが初めて明文により規定された。それは、ジュネーヴ史において大きな転機となった。実際にも、この条約により、外交面では、サヴォワとジュネーヴとの間でのほぼ一世紀間にわたる敵対関係に終止符が打たれた。政治面では、ジュネーヴに対して主権国家としての資格が認められた。経済面では、今までの包囲策により領土拡大の機会を奪ってしまったことへの代償という意味において、ジュネーヴに対して商業的にも金融上も実質的な優遇措置が講じられた。

II　対内政治と諸制度の変化

十七世紀ジュネーヴの国内政治史とは、いくつかの点においては、「その後の重大事が起こるまでの長い前夜」に過ぎないとはいえ、そのなかで起こった「エスカラード」は大事件だった。「ジュネーヴがずっと経なければならなかった長い前夜として、このエピソードは注目に値した」（R・シュタウフェネッゲル）。「エスカラード」に伴う諸事態についての責任を明確にすることとも関わり、裏切りについての疑いや陰謀についての妄想を原因として、サヴォワ側からのこの攻勢があってからしばらくの間、ジュネーヴの国内政治では、まずもって、一連の裁判と死刑執行が実施された。すなわち、警備を担当していた市民代表のフィリップ・ブロンデルは、任務懈怠《けたい》ばかりでなく、さらには、サヴォワ公軍総司令官ダルビニーとの通謀をとがめられ、一六〇六年九月に処刑された。二百人参事会員であるエメ・シュナラに至っては、一六一三年以降都市ジュネーヴをサヴォワ兵三〇〇人の支配下に置かんとする陰謀に加担していたのではないかとの容疑をかけられ、一六一八年に斬首刑に処せられた。

「エスカラード」事件に関係した責任追及により小市参事会員の連帯の実態がさらけ出されると、市民総会の主権回復を主張し、かつ、牧師団からの支援を受けていたところの数々の市民陳情書は、早くも参事会間での関係のみならず市参事会員と牧師との関係にも影響を及ぼした。

1．参事会間での関係

市民陳情書は、ジュネーヴ共和国の政治体制が帯びていた寡頭制的傾向をいささかも転換させることはなかった。それどころか、全権力は小市参事会の手中に収斂していった。参事会間での関係は、小市参事会にとって有利になるように展開するどころか、実際のところは、その逆に、二百人参事会側の権力固めへと向かった。特に、二百人参事会は、小市参事会からその司法上の重大な特権の一つであった終審として民事事件を裁判する権限を剥奪した。

傍聴官サラザン事件——まさしく二百人参事会がこのように剝奪した権限を新たに行使したことにより、二百人参事会と小市参事会との間で最も深刻な対立問題として一六六七年に引き起こされたのが、傍聴官サラザン事件である。この事件の原因の一つは、当時の二百人参事会の下した決定にあった。すなわち、諸布告に抵触して小市参事会が出した決定について、不服申立権限を賦与されている二百人参事会としては、当該不服申立権限につき、傍聴官ジャン・サラザンを議長として、裁定を下すことにした。しかし、これに対して小市参事会と首席市民代表は反対し、退席した。もう一つの理由としては、投獄するぞと圧力をかけることにより、事件の渦中にある傍聴官サラザンに反抗しようとした小市参事会側のもくろみがあったからである。傍聴官サラザンの即時釈放を要求する二百人参事会の結束力ばかりでなく、民衆側の激昂と牧師団による介入にも直面したため、小市参事会側は譲歩して傍聴官サラザンの釈放を命じざるを得なかった。釈放された傍聴官サラザンは、勝利に沸きかえる民衆にサン・ピエール教会大聖堂で出迎えられた。この事件は、牧師団の庇護下にあった縮小された諸参事会相互の間での調停行為という形で決着したとはいえ、それでもなお、小市参事会を二百人参事会に対して後退させたばかりでなく、次世紀で起こる「民衆激昂の先駆け的な現象」（H・ファジー）をも意味した。

2. 市参事会員と牧師との関係

都市共和国ジュネーヴ内での調和を維持することに常に腐心していた牧師団は、エスカラードの直後から諸参事会に介入して、市民陳情書の趣旨を広めた。しかしながら、かかる介入は、市参事会員にそれらの市民陳情書に目を向けるように仕向けるどころか、陳情書の正当な内容を無視させたばかりでなく、特に牧師団の機構様式改革をきっかけとして、牧師よりも市参事会員の方が優越するのだということを過信させるに至った。なぜならば、牧師団の会議主宰がもはや一週間に一回ではなくなり、一年間に一回となったからである。

このような形態で教権が政治権力に従属化されたからといって、牧師団が「ジュネーヴのお偉方」の意のままの教権に化したと判断すべきではなかろう。実際のところ、十七世紀全般を通じて、牧師らは市参事会に対して新たなる訓戒を絶えず述べ続けたばかりか、「伝承すべき遺産」[1]（J・クルヴォワジエ）の解釈について権威を有しているがゆえにこそ、信仰と風俗習慣に限り、市参事会員のみならず民衆に対しても影響力を直接に行使し続けた。

（1）「伝承すべき遺産」とは、カルヴァンとテオドール・ド・ベーズが残した教義のことである。

3. カルヴァン主義的正統信仰と風紀取り締まり

まず信仰についてであるが、牧師団は、ドルトレヒト教会会議（一六一八―一六一九年）に最も傑出した二名の神学者であるジャン・ディオダーティ（一五七六―一六四九）とテオドール・トロンシャン（一五八二―一六五七）を派遣してカルヴァン主義的正統信仰の教説を確定させた後、一六四二年以来、牧師職を志願する者に対して、諸参事会からの了解のもとに、「ドルトレヒト信条」を遵守するという誓約を課していった。諸参事会が牧師ばかりでなく教師《プロフェスール》を任命するにあたって求めた条件は、ますます厳格になっていった。すなわち、それは、一六六九年のドルトレヒト信条へ署名させることに始まった。そして、スイス改革派諸教会とプロテスタント側諸邦会議が一六七五年に打ち出したスイス一致信条を、諸議会は、一六七九年に信条規範〔フォルムュラ・コンセンスゥス〕として遵守させるにまで及んだ。これだけではない。民衆への教化を目的として、神聖牧師団は、農村地方では学校長職を新設したばかりでなく、都市部のあらゆる界隈でも学校を設立した。

カルヴァンとテオドール・ド・ベーズが残した遺産を維持継承しようとする教権は、自ら公序良俗の保護者たらんとした。だからこそ、教権はしばしば市参事会員のみならず民衆に改悛するかもしくは奢侈を禁欲させるために、奢侈禁止令を、または新たに次の諸法を遵守させるように求めた。すなわち、一六二六年から九八年にかけて公布された「風俗、婚姻、祝宴に関する命令《オルドナンス》」や「宗教改革に関する命令《オルドナンス》」である。これらの法のもとになった教理問答は、その後、人徳の「高き人々、中庸なる人々、劣れる人々」を峻別することになった。牧師および長老職もまた、以上のことについて、奢侈禁止令の遵守を確保するため、新たな一つの司法審査機関として宗教改革院の創設を提唱した。事実、一六四六年に小市参事会により創設されたこの機関は、約五名の判事により構成され、一週間に一度、開廷された。

Ⅲ　ジュネーヴが再び直面した社会・経済的、文化的な危機

1．人口変化

苛酷にしてかつ陰鬱な時代であった十七世紀ジュネーヴはペストや天然痘のような疫病、そして食糧危機が荒れ狂った世紀でもあった。このため、十七世紀前半には人口の激減で危機的状況に陥ったほどである。すなわち、十七世紀初頭のジュネーヴはスイス高原部では最も人口が密集していた都市であったのだが、一六一五年から五四年にかけての約四十年間に、その人口の四分の一（二三パーセント）を失った。実数にすると、約一万六〇〇〇人から一万二三〇〇人にまで減少した。その主たる要因とは、一六一五年から一六一六年、一六二八年と一六三六年の三度にわたって流行した疫病のペストのみならず、天然痘も疫病として流行し、そして食糧難も頻発したことによる。こうした状況が十七世紀中葉からはっきりと好転するのは、経済が持ち直して拡大し始めたばかりでなく、二回目の難民流入により人口が増大したことにもよる。状況がよくなったとはいえ、都市ジュネーヴが一六一五年時点での人口水準にまで回復するのは、ようやく一六九〇年頃になってからである。伝染病と食糧危機がなおも十七世紀末まで続いたからである。

2．経済的推移

経済的局面について言うならば、ジュネーヴでの十七世紀はやや際立っているように思われる。これら

三つの際立った危機を別とすれば、十七世紀前半だけに限定してみても、それはジュネーヴ経済が「暗黒の時代」を迎えていたからでもある。十七世紀前半は、実際のところ、不安な時代だった。これに対して、十七世紀後半は、膨張の時代であり、求人が殺到した。なぜならば、二度目の難民流入がその一つの重要な契機となって「飛躍の時代」が到来したからである。そしてこの時期には、顕著なまでに国際取引が拡大したばかりか、ジュネーヴ地場産業の新しい部門も著しく発展したからだった。

この点において、確かに十七世紀が、一六一五年から一六年のペストが流行するまで隆盛を迎えていたジュネーヴ絹織物業と、最盛期にあった毛織物業とにより、例を見ないまでの製造業の発展の恩恵を受けていた。しかしながら、一六二〇年以降、十七世紀中葉に至るまで、ジュネーヴは、絹織物業の停滞に直面した。このため、失業者が生じ、ペストと食糧危機とに起因する社会不安も増大した。しかし、この暗い時期は、三十年戦争と時期を同じくしてはいたものの、シンプロン峠が再び開かれたことを好機とし、それまでは絹織物業に投資されていた資本がふりむけられたことにより、「中継交易」が発達し始めた時期でもあった。

かくして十七世紀後半における経済的再活性のための諸条件が出揃うに至った。三十年間（一六五四―一六八八）にわたる十七世紀後半の経済的再活性の特徴は次のような点にある。すなわち、特にドイツ、オランダ、イギリスを相手とする国際的取引が著しく拡大したばかりでなく、時計製造業と金銀細工業同様に、金箔や縁飾り材料の工芸品製造業が飛躍的に成長し、インド更紗製造業が開始されたことである。特に、インド更紗製造業は「壁面装飾」ないしは「インド綿布」業とも言われ、第二期移民流入に伴うものだった。このインド更紗製造業が次世紀になってから初めて全面的に発展しだすのに対し、金箔や縁飾り材料の工芸品製造業は一六五〇年から一七〇〇年の間に急速に著しい発展を遂げた。このことにより、当時の住民が語っているところによれば、ジュネーヴは「金箔工芸ではほぼ全ヨーロッパのなかでも最大の工房」所在地となったのである。同様なことは時計製造業と金銀細工業についても言える。需要がきわめて多かったこれら両工芸の製品は、はるか遠隔の地にまで輸出された。

顕著なまでの発展の恩恵を受けつつあったジュネーヴ地場産業は、意外にも労働力不足の時代に直面してしまい、一六八〇年以来、プロテスタントが「パピスト」と軽蔑したカトリック教徒ではあっても、その雇用を容認するように諸参事会に迫らざるを得ず、それでもなお外国市場に著しく依存していた。このことが明るみに出るのは、アウグスブルクでの大同盟戦争（一六八八―一六九七年）時である。当時、フランスからの産物は経済封鎖により排除され、神聖ローマ帝国ばかりかフランシュ＝コンテおよびアルザス両地方との交易もすべて禁止されていた。この戦争とこれに起因してサヴォワ公国がフランスに占領（一六九〇―一六九六年）されたこととにより、都市ジュネーヴへの補給もまた影響を受けた。経済恐慌（一六九二―一六九四年）と深刻な生活必需品不足（一六九八―一六九九年）とが重なったことにより、新たな暗黒の時代と言われた十七世紀最後の十年間を特に特徴づけたのは、次の点にあった。すなわち、倒産が記録的件数にまで達したことであり、失業および食糧難が再び起こり、民衆暴動が始まったばかりか、外国人排斥にまで至ったことである。たとえば、外国人商人に賦与されたさまざまな便宜を不満として、一六九六年秋に検事総長に対して公的に申し立てられた陳情書は、「都市ジュネーヴに居留していた難民に対する敵意が大規模にかつ組織化されたことを示すきわめて稀な証拠の一つ」（L・モットゥ＝ウェーバー）だった。

3．第二期難民流入

ナント勅令の廃止（一六八五年）とよく結び付けられる第二期難民流入が実際に始まるのは、ルイ十四世による親政開始後である。そして、十八世紀初頭に至るまでフランス国内の新教徒にふりかかった迫害を原因にして、この難民流入は次第に拡大していった。第二期難民流入は、第一期難民流入時とは全く異なった政治的、社会的、経済的諸条件のもとで起こった。それでもやはり第一期難民流入に比肩し得るような影響を、人口統計上のみならず社会経済的観点から見てもカルヴィニズムの本拠の変化に及ぼすことになる。第二期難民流入では、事の成り行き上やむを得ずフランス人難民が大部分となった。第一期ユグノー難民と大きく異なっていたのは、規模ばかりか、難民らの地理的出身地やその社会的出自においてである。

このような次第で、人口統計という観点からすると、ナント勅令廃止後の十年間で、ジュネーヴ市内に三〇〇〇から四〇〇〇人の難民が定住した。これは、都市ジュネーヴの全人口の五分の一に相当した。そして、ジュネーヴの全人口も、一六九〇年から一七一〇年の間に、約一万六〇〇〇人から一万九〇〇〇人に増加した。しかしながら、このような「急激な人口増加」（A・ペルノー）は、社会経済的な観点からすると、第一期ユグノー難民を原因とする爆発的な人口増加とは違う結果をもたらした。なぜならば、第二期難民流入は、その難民の地理的出身地やその社会的出自においても異なっていたからである。実際のところ、十七世紀末のジュネーヴに難民として亡命してきたのは、もはやかつてのように、裕福なブルジョアジーやエリート層を伴った、フランスの北部や東部からのプロテスタントではなかった。今回の難民は、フランス国土の四分の一を占める南フランスから流入してきていた。そのうち、三分の二はドーフィネ地方のアルプス山系やヴィヴァレ地方山間部、ローヌ平野、ラングドックおよびセヴェンヌから、他方、十分の一は、ジェクス地方から来ていた。そしてこれら流入民らの特徴は、手先が器用でかつ商業に従事していた小ブルジョアジーで、彼らは皮革業や織物業から金銀細工や時計製造業にたずさわる職人や、繊維から家畜までを商う商人が中心だった。したがって、知的専門職に従事する者は少なかった。

以上のような条件の下で、創造性と技量とに富んだこれらフランス人流入民らとの競争が、ジュネーヴの手仕事職人と商人の界隈で、敵対関係を生じさせたことは、決して驚くに値しない。これらフランス人流入民らのいくたりかが後に示すことになるであろう先駆的で優れた技術もまた、十八世紀ジュネーヴ経済の次のような主要部門に対して、決定的な貢献をした。それは、時計製造業、インド更紗製造業、銀行業である。

4．知識人社会の変化

しかしながら、まずもって、カルヴァン主義的正統信仰が支配した世紀ではあったが、十七世紀最後の三十年間のジュネーヴにおいて、大きな変動が知識人社会に起こった。すなわち、神学的自由主義と科学精神とが生じた。

神学面でこのような変化を担った主要人物は次のような人々である。すなわち、テオドール・トロンシャンの息子であるルイ・トロンシャン（一六二九―一七〇五）がそうである。彼は、ソーミュール出身のモイーズ・アミュロー（一五九六―一六六四）が提唱した新しい思想の信奉者だった。これに続き特に重要なのが、十七世紀末からは、カルヴァン主義的正統信仰神学者フランソワ・トゥレッティーニの息子であるジャン＝アルフォンス・トゥレッティーニ（一六七一―一七三七）である。彼は、一六九七年以来、学院で教会史の新講座を担当する正教授であり、アミュローと同様に、「啓蒙的な正統主義」の系譜を引きつつ、実際のところ、「ジュネーヴにおける神学的自由主義の主要論者の一人であり、かつ、その領袖でもあった」（E＝G・レオナール）。しかし、ジュネーヴにおける知識社会を真の意味で改革したのは、哲学および科学の面に関する限り、明らかに、ジャン＝ロベール・シュエ（一六四二―一七三二）である。彼は、思想家であると同時に、科学者にして市参事会員でもあった。そして、デカルト的合理主義と実験科学をジュネーヴに浸透させた仕掛人として、約半世紀間にわたり、都市ジュネーヴの歴史に名を残すことになった。

Ⅳ 対外政策

十七世紀ジュネーヴの対外政策を規定することになったのは、全く新しい局面だった。それは、十五世紀末から都市ジュネーヴの命運がかかっていた二極関係に、フランスが介入したことによる。これより、小さなプロテスタント共和国によるすべての対外政策は、サヴォワとの長年の伝統的な敵対関係に応じて展開するばかりでなく――サヴォワ家の諸公は、都市ジュネーヴの周辺に絶えず介入や侵攻を繰り返した――その二つの侮り難き近隣勢力たるフランスとスイスの諸邦から付与される庇護との関係においても展開していった。ジュネーヴの外交は、サヴォワの敵対勢力に対して断固とした態度を示さねばならなくなるが、フランス側ばかりかスイス側の庇護者にもサヴォワに劣らず同程度の配慮をしなければならなかった。そうでなければ、ジュネーヴは、スイスの邦という資格を得ることができなかったであろう。なぜならば、ジュネーヴをスイスの邦として受け入れる手続きに、スイスのカトリック諸邦が反対していたからである。とはいえ、以上のことにより、一六九七年のレイスウェイク条約締結に際して、スイスの同盟国という資格で、ジュネーヴの領土はスイス領として国際的に初めて承認された。

1．サヴォワとの関係

一六〇三年七月にサン＝ジュリアン条約で締結された講和は、確かに形式的ではあるとしても、ジュネーヴとサヴォワとの間でほぼ数世紀間にわたって繰り広げられた敵対関係に終止符を打った。講和が締結されたからといって、サヴォワ公シャルル＝エマニュエルの脳裏から、都市ジュネーヴを支配下に置くための計画が消え去ったわけではない。また、特に、ジュネーヴ共和国の諸権益と所有地とが、サヴォワ領内に飛び地として散在している現状も解消されないままだった。もう一度征服したいというサヴォワ公の望みは、その息子ヴィクトル＝アメデが一六二九年と三一年―三二年に策定したように、ジュネーヴを併合しフランス国王と分割する計画に止まったのみである。これにより、まさしく、政治的、宗教的、経済的な「冷戦」状態となった。そして、十七世紀末までには、サヴォワのバイイ裁判所管区内におけるジュネーヴ共和国の諸権益と所有地とが複雑に絡み合うことにもなった。

2. フランスとの関係

ジュネーヴとフランスとの関係は、アンリ四世治世下での特権的な庇護体制に根ざす関係であるがために、ルイ十四世治世下の属国化に類似した庇護形態へと変じていく。この点に関して象徴的なのは、一六七九年以来、ジュネーヴ在住フランス弁理公使という恒常的な制度が設けられ、一七九八年の併合まで存続したことである。この制度は、サヴォワ側からの脅威を最小限に食い止めるためではあったが、フランス側に統合されかねない危険がそれでもまだ残っていた。ちょうど折しもストラスブールがフランスに併合された（一六八一年）。

A. 圧迫下でのジュネーヴ共和国

ルイ十三世下において、一六二九年と三一―三二年にかけてフランスとサヴォワ間で為された謀議によりすでに著しく影響を受けていた上に、ジュネーヴとフランスとの間の関係がわけてもその根底から変質することになるのは、ルイ十四世が一六六一年以来ふるった親政による。両国間の関係は、彼の絶対主義的な内政政策と領土拡張主義的な外交政策からの影響を直接に受けた。実際のところ、サヴォワとの間でのさまざまな紛争のほかに、ジュネーヴは、一六六二年以後、フランスとの間で、宗教的のみならず政治的・司法的かつ経済的秩序に関わる一連の紛争に巻き込まれることになる。これらの紛争により、多くの農村、とりわけジェクス地方や、そしてローヌ川左岸におけるジュネーヴ側権益の範囲が争点となった。これらの紛争処理のために、ジュネーヴはパリ駐在大使よりも上級の大使を必要とした。争点となったジュネーヴ側諸村落のなかに含まれるサン・ヴィクトールおよびシャピートルという土地は、サヴォワ領内の飛び領だった。おそらく、このように奇妙な位置にあったからこそ、さまざまな紛争が生じたのだろう。しかし、これらの諸紛争の帯びている意味が初めて完全に理解できるのは、次の点においてである。すなわち、それは、ルイ十四世の統治のために、まさしくカトリック的レコンキスタがジュネーヴ周辺でも展開していたという文脈においてである。だからこそ、ナイメーヘン条約（一六七八年）――この条約はヨーロッパにおけるフランスのヘゲモニーを是認したものである――直後にルイ十四世が講じた対外政策中の拡張主義の一環と同様に、紛れもないカトリックによる反宗教改革という文脈において、フランス弁理公使のジュネーヴ駐在（一六七九年）を位置づけねばならない。

B. フランス弁理公使の役割

ミサ挙行権のために外交使節をカルヴァン主義総本山であるジュネーヴに常駐させるとともに、フランスは「国王視察官」(デュプレ)をジュネーヴに配置させたに止まらなかった。フランスがなおも画策したのは、ミサ挙行をジュネーヴに復活させることだった。一五三五年以来初めてのミサは、一六七九年十一月末に、フランス弁理公使館礼拝堂において挙行された。なお、この礼拝堂は、それ以来、ここでの礼拝を希望する外国人信者すべてに開かれた。この点につき、最初のフランス弁理公使であったロラン・ド・ショヴィニー(任期一六七九―一六八〇)は、厚かましいまでにミサの喧伝にのめり込んでいたために、本国へ召還された。しかし、彼の後任者らの場合、同様ではなかった。たとえば、ナント勅令の廃止と第二期難民流入の時期に派遣されており、教義に寛大であったデュプレ(任期一六八〇―一六八八)や、アウグスブルクでの旧教同盟戦争期間中に派遣されていた、怖いもの知らずの異名をとったディベルヴィル(任期一六八八―一六九八)が挙げられる。実際のところ、国王視察官であったデュプレばかりかディベルヴィルは、それぞれの流儀で、ジュネーヴの市参事会員らを監視しそして常に圧力をかけることにより、次のことを示した。すなわち、内政面でプロテスタント共和国を服従させることばかりでなく、対外政策においてもこのプロテスタント共和国をフランスへ同調させることについて、フランス弁理公使が重要な存在であることを示した。このことを端的に示しているのが、ジュネーヴの諸参事会に講じさせた次のような措置である。まず、一六八五年秋には、亡命ユグノー教徒を国外退去させた。一六九〇年から翌年冬には、イギリス弁理公使からの信任状を受理することを拒否させた。

以上のような諸条件のもとで、以後、ジュネーヴは、「圧迫下に置かれた共和国」であると思われるようになった。そして、スイスの諸邦に派遣されたイギリス公使が、一七〇三年に次のように記したことは、至極当然だった。すなわち、「ジュネーヴ共和国がかくも隷属化に置かれているのは、同情に値する。なぜならば、当該共和国は、フランスの意向に沿うことしか為し得ないからである」、と。

C．スイス側からの抑止力

それでもジュネーヴに対するフランスの政治的影響力には、限度があった。すなわち、サヴォワと、スイス側からは、ベルン、そしてチューリッヒの両邦が存在していたからである。サヴォワについてであるが、その歴代領主らはジュネーヴがフランスの手中に陥ることを容赦できなかった。次に、ベルンおよびチューリッヒの両邦についてであるが、ジュネーヴに危害を加えることとは、自らにとっての身近な同盟都市を危うくすることになるのみならず、自らの同盟と軍勢を失うことにもなりかねなかった。このような次第で、ベルンおよびチューリッヒとの「兄弟都市同盟」が、「これら両邦までもがフランス国王と同盟関係にある限り、ジュネーヴにとって、最も信頼できる城塞」（J・ソーティエ）となった。フランス国王がジュネーヴに対して行使する庇護関係をこのように制約するに至ったのは、何らかの形でベルンとチューリッヒが行使する、別の庇護関係であったから、ついには、両邦とも、ジュネーヴを十六番目の邦としてスイス盟約者団へ加盟させることを思いついた。一六九七年のレイスウェイクの和約において十三の諸邦から成る盟約者団のなかに加入し、ジュネーヴは、この条約のなかで、自らの領土がスイス領として承認されたことに満足した。領土面においてジュネーヴの領域がこのように確定されたことに対応し、一七〇〇年代の終わり頃になるが、暦の面での標準化が実現した。すなわち、プロテスタント諸邦とともに、一七〇一年一月十二日を初日として、グレゴリオ暦が導入された。この暦の導入により、いくぶん遅れて、ジュネーヴも十八世紀初頭を迎えた。

第三章　啓蒙主義時代のジュネーヴ――啓蒙主義発信の共和国

十七世紀とは対照的に、十八世紀は「ジュネーヴ史で最も激動的でありかつ最も輝かしい時代」（M・ペテール）だった。実際にも、十八世紀は、一方では、「軋轢の世紀」とも呼ばれたように、紛争、騒乱、武装蜂起が続発し、こうした政治的・社会的抗争は、内政上、「プロテスタントのローマ」を「ヨーロッパにおける諸革命の実験室」と化したばかりか、対外的に見ると、外国に介入する口実を与えることになり、ジュネーヴ共和国の終焉をもたらした。しかしながら、他方では、十八世紀とは、経済面ばかりでなく文化面においても、ジュネーヴ史の黄金時代だった。なぜならば、十八世紀には、「この上もなく小さな共和国(1)〔パルヴュリシム・レピュブリック〕」が異例なほどの繁栄に達したばかりか、名実ともに「啓蒙主義発信の共和国」が出現したという点において意義深いからである。そして、この「啓蒙主義発信の共和国」は、全ヨーロッパレベルでの科学勃興地でもあり、神学的自由主義の中心地でもあった。

（1）　ヴォルテールが一七六四年十二月三十一日にダミラヴィルに宛てた書簡の一節である。

I　内政

「これまでのジュネーヴは敵対する諸外国のみを意識さえしておればよかった。［中略］十八世紀は全く新しい局面に至った。自由を基調に統合されていたこの小さな共和国内に住む住民の間で、軋轢が始まった。そして、これら住民らの自由に起因して生じた軋轢は、彼らすべてから危うくその自由を奪うところだった」（J・ヴェルネス、A＝J・ルースタン）。というのは、ジュネーヴにおける十八世紀とは、政治的論争と騒乱の時代だったからである。ジュネーヴの内政史は、それらの政治的論争と騒乱とに由来する政争と革命の歴史でもある。

十八世紀ジュネーヴにおける諸政争――ヴォルテールの言う「かつらとぼさぼさの頭髪との戦い[1]」に落ち着くどころか、十八世紀ジュネーヴの政争は、実際のところ、社会・政治的かつ社会・経済的なさまざまなカテゴリーのジュネーヴ住民を巻き込んだ。この政争の場に、当事者として登場したのは次の勢力である。すなわち、第一には、権力を掌握していた門閥《パトリシャン》である。彼らは、さらに、拒否派《ネガティフ》、過激拒否派《ウルトラ・ネガティフ》に分かれていた。第二には、旧市民《シトワイヤン》と企業家《ブルジョア》である。門閥とともに、市民総会を牛耳っていた。第三には、居住民《アビタン》である。彼らは、参政権がないものの、手数料を納入した上で得た居住許可証により、ジュネーヴで生計を立てていた。第四には、居住民の次世代となる、土地っこ《ナティーフ》である。彼らもあらゆる政治的権利や多くの経済的権利から排除され、農村部に居住する隷属民《スジェ》だった。土地っこは、十七世紀中葉より、市民権からことごとく排除されていた。

(1) 一七六八年一月十一日付でヴォルテールがシャバノンに宛てた書簡の一節である。「かつら」とは富裕層を、「ぼさぼさの頭髪」とは貧困層を比喩している。

1. 主要な騒乱期間

ピエール・ファスィヨ事件(一七〇七年)とデュ・ロヴレ事件(一七八一―一七八二年)といったいくつかの事件とも結び付いていたこれらの騒乱の主要な争点となっていたのは、縮小された諸参事会と市民総会との諸関係や、旧市民と企業家の参政権を拡大することの可否、土地っ子らの経済的諸権利を拡大することの可否、である。これらの騒乱が起こったのは、一七〇七年、一七三四年から三八年、一七六二年から七〇年、一七八一年から八二年である。

A. 一七〇七年の危機とファスィヨ事件

最初の騒乱期の原因となったのは、ピエール・ファスィヨ事件である。ピエール・ファスィヨ(一六六二―一七〇七)は、イタリア流民出身の才気煥発な門閥弁護士であり、生涯にわたり、企業家層のために、そして市民総会の諸権限のために奮闘した。

一七〇七年初頭、首席市民代表が旧市民と企業家からのさまざまな諸要求をにべもなく拒否した。このことが騒乱の原因となった。これに続いて、一連の民衆集会が開かれた。ジュネーヴ政府は同盟都市であるベルンとチューリッヒに救援を呼びかけた。ついには、一七〇七年五月に市民総会が数回にわたり開催された。そして、市民総会の場で、市民代表のジャン＝ロベール・シュエが発表した門閥側の主張と対立したのが、企業家層側の主張である。企業家層側では、市民総会の主権の範囲と行使に関して、ピエール・ファスィヨが論陣を張った。穏健派らによる諸提案は、「投票による」選挙[1]に始まり、五年ごとの立法市民総会開催にまで及んでいた。これらの諸提案は一七〇七年五月二十六日に圧倒的多数で採択された。そのような折に、急進派による離脱が騒乱の口火を切った。そこで、ジュネーヴ政府はベルンとチューリッヒに対して駐屯部隊の増派を要請した。ひとたびベルンとチューリッヒからの支援を確信するや、政府は企業家層の指導者らを逮捕、陰謀容疑で起訴し、有罪判決の末、処刑に踏み切った。このような次第で、ニコラ・ルメートルがプランパレ広場で衆人監視のもとに絞首刑に処された。ピエール・ファスィヨの場合は、一七〇七年九月七日に刑務所内の中庭で、密かに火縄銃による銃殺刑に処された。

（1） 以前の市民総会では、有権者が自分の支持する候補者の氏名を口頭で申告していた。

B．要塞造営問題と一七三四―三八年の騒乱。「増税事件」から「栄光の調停」まで

第一期よりもはるかに大きな騒乱が生じた第二期とは、直接的には次のことが原因となっていたようである。すなわち、一七一三年から翌年にかけての諸参事会の諸決定が、大規模な要塞改修のために新税を徴収したことである。要塞改修に必要な経費を調達するために、縮小された諸参事会が膨大な出費を費や

したことと、新たに間接税を課税したことから、次の二つのことが帰結した。第一には、門閥出身で、数学者にして技術者でもあったジャック＝バルテルミー・ミシュリ・デュ・クレ（一六九〇―一七六六）が築城計画ばかりか都市ジュネーヴ政府を激しく批判したことである。これは、ミシュリ・デュ・クレ事件の発端となった。第二には、新税が更新される際に、企業家層が公式に抗議の声を上げ、この問題について、市民総会からの意見聴取を求めたことである。こうして、新たな騒乱期が始まった。

タンポヌマン事件と著名な調停規約――市民総会が有している財政特権を回復させることを目的として、一七三四年初頭に、約一〇〇〇名ばかりの旧市民らに支持された意見書に対して、ジュネーヴ政府はその拒否権を発動した。この時に起こったのが、タンポヌマン（砲門閉塞）事件である。門閥が企業家層に抗して密かに軍事的手段を執る、という事態にまで発展した。すなわち、庶民層が居住する界隈で、約二〇門ばかりの大砲が使用不能にされた。この事件に誘発された著しく重要なさまざまな紛争のため、都市ジュネーヴの政府はその同盟都市であるベルンとチューリッヒに初めて調停を求めた（一七三四年）。名ばかりではあるが、合意がもたらされた。新たな武装蜂起は、ミシュリ・デュ・クレ事件の最後の展開とも結び付き、最終的には、フランス国王側からの調停の申し入れをもたらした。そして、このことは、ベルンとチューリッヒからの二回目の調停にもつながった。一七三七年九月末に受け入れられた、フランス側からの調停がジュネーヴに再びもたらした秩序と平穏とは、永続的なものとなった。これこそが、「光輝ある調停の規則」であり、一七三八年五月八日に、市民総会によって承認された。市民総会の諸権利が調停規約として条文化された。特に、旧市民層と企業家層の異議申立権が縮小された諸参事会への拒否権として認められた。次に、土地っ子には、あらゆる職業に就き、かつその職種の親方にまで昇進できる権利が許容された。この「光輝ある調停の規則」は、約四半世紀にわたる平穏を共和国ジュネーヴにもたらした。

C.「ルソー事件」と一七六二—七〇年の諸騒乱

十八世紀ジュネーヴ史において続発した諸騒乱の第三期は、ジャン＝ジャック・ルソーの著作と深く関係していた。なぜならば、当該著作が上梓された直接の原因となったのは、ジュネーヴ共和国政府が、一七六二年に、『エミール』、『社会契約論』、および著者ルソーを告発したことにあるからである。この告発がきっかけとなり、一七六三年六月以来、一連の意見書が提出された。それらの意見書は、ジャン＝ジャック〔・ルソー〕に対する訴追手続が不規則であることを非難していた。その結果として、ルソー事件を通り越して、意見書提出権の範囲や、市民総会の諸権能といった諸問題までをも提起した。

共和国政府は、意見書および意見派に対する拒否権に乗じ、市民総会を招集した。ちなみに、市民総会の招集は共和国政府に拠っていた。このため、かの調停後の〔共和国〕諸制度の機能はたちまちにして麻痺してしまった。そのように麻痺してしまったのは、意見派が次のような選挙戦術に出たからなおさらだった。すなわち、「新しい選挙方針」として知られているものであるが、縮小された諸参事会により選挙に提案されたすべての候補者らを、一七六五年以来、再三再四拒否するというものだった。調停

（一七六六年）を保証する（同盟）諸国が介入し、相次いで出された二つの規則（一七六六、一七六七年）の後、双方にとり満足できる妥協がようやく一七六八年に成立した。その際に、意見派は、これまで繰り返して要求してきた新しく選挙するという方針を放棄し、その代償として、空席がある場合に、二百人参事会員を新たに任命する権利を得た。これこそが、一七六八年三月十一日に市民総会で採択された調停令である。そして、ルソー事件とともに生じたさまざまな紛争に終止符を打つことになる。

この時、土地っこらは自らの経済的権利が拡張されたように、医師業までもが開放されるのを目の当りにした。それでも彼らは依然として、あらゆる政治的権利からは締め出されており、しかも、差別的な諸税金を課せられたままだった。彼ら土地っこが諸要求を増大させてゆき、そして彼らの示威行動に押され、一七七〇年、共和国政府は彼らに武力行使で対抗した。その結果、何名かの死者が出たばかりか、大量の逮捕者が出、そのうちの何百名かが国外追放となった。彼らのことを「グリモー（不器用者の意）」と言う。彼らの亡命先は、ジェクスそしてヴェルソワだった。

D．「デュ・ロヴレ事件」と一七八一—八二年の騒乱

騒乱第四期は、さまざまな理由で一七九〇年代の革命的な出来事を予感させるが、直接にはデュ・ロヴレ事件に起因する。暴動、そして一七八二年にジュネーヴ革命が勃発するその口火とを特徴とするこの時期には、次の出来事までもが起こっていた。すなわち、外国軍隊による介入と、粛清体制確立である。特に、後者の体制下では、意見派に抗して、抑圧策が講じられた。

騒動の原因に帰せられるべきは、仏外相ヴェルジェンヌとそのジュネーヴ駐在公使とがジュネーヴ共和国の内政に介入したことと、これに対して、検事総長デュ・ロヴレが激しく反応したことにある。仏外相が謝罪を求めると、それゆえ、小市参事会は検事総長を禁固処分にすべきのみならず、彼を解任し、さらには二百人参事会から除名すべきことになった。同様の制裁は早くも暴動を引き起こした。そしてこの暴動はたちまち意見派にとって有利に展開し、土地っこらに有利な恩恵令が、一七八一年二月十日に可決された。一七八二年四月に勃発したジュネーヴ革命の趨勢に対して新たに武装蜂起が起こり、諸参事会は粛清され、主要な過激拒否派〔ウルトラ・ネガティフ〕が逮捕された。そして、公安委員会が創設された。こうした一連の出来事により、調停諸国が介入するに至った。これにサルディニア軍が加わり、ほどなくジュネーヴはフランス軍、サルディニア軍、ベルン軍に包囲された。公安委員会がついに抵抗勢力を排除するや、意見派らの指導者らは都市ジュネーヴを脱し、諸外国の軍勢がジュネーヴを包囲した。他方、諸外国の軍指揮官らは、ジュネーヴ側統治者らと協力して、秩序回復策を考案した。これに付加されたのが、意見派らに対する大規模な抑圧である。このため、意見派ら側の主要指導者であるダンタン、クラヴィエール、デュ・ロヴレ、そしてディヴェルノワが永久追放となった。秩序回復策が新たに立法化されたものが、秩序回復令である。粛清後の市民総会にて一七八二年十一月二十一日に可決された。この秩序回復令は、反対派からは植民地法典と中傷された。なぜならば、この立法は、政治的な諸自由権と市民総会の諸権限とを著しく制限していたからである。他方、実務面では、四名の市民代表と代理補佐官らの権限が自動的に復元された。しかしながら、ジュネーヴ国内秩序にとってサルディニアを維持国と規定した上で、一七八二年の秩序回復令はサルディニア弁理公使をジュネーヴに常駐化させ、その究極の帰結として、エスカラード祭りを禁止するに至った。そして、エスカラード禁止にサルディニア弁理公使は満足した。

3．十八世紀末ジュネーヴにおける諸革命

A．一七八九年の諸暴動と植民地法典改正

一七八八年から翌年にかけての厳しい冬に起因し、革命の口火が切られた。それは、一七八九年初頭に、一定数の土地っこらと外国人らの挑発によって始まった。企業家層と門閥とを相互に接近させた革命は、一七八二年の植民地法典を改正させ、一七八九年二月十日には、新しい憲法を可決させた。当時の雰囲気は総じて和解的だった（たとえば、亡命していた意見派らが帰国し、第四世代の土地っこらが企業家層に受け入れられ、市民総会により小市参事会が選出された）。

B．一七九一年条令とデュ・ロヴレ法典

しかしながら、この和解は長続きしなかった。というのは、一七九〇年以来、土地っこと隷属民からの諸要求が高まっていったからである。そして、この高まりは一七九一年二月中葉になると暴動へと悪化した。一七九一年三月二十二日に市民総会は新たに布告《エディ》を採択した。この布告は、土地っこおよび臣民に民事上の平等を認めたが、政治的諸権利は賦与しなかった。他方、この条例は、市民総会に主権があること

を是認し、以下の会議体および公職の選出権限を市民総会に帰属させた。すなわち、代表市民、縮小された諸参事会、司法組織からの委員、以上を選出する権限である。これに続いて、一七九一年十一月中葉には、統治機構に関する諸法を包括的に編纂したデュ・ロヴレ法典が採択された。しかしながら、一七九二年秋以後、革命下のフランスがサヴォワに介入しこれを併合したことにより、イデオロギー的に興奮した環境のなかで、この立法は決して長続きしなかった。

C. 一七九二年のフランス革命と旧体制の終焉、「臨時委員会」

革命下のフランスによりジュネーヴが包囲されたことを好機としたのは、セルクルまたは革命クラブの活動であり、そして「平等主義者」らによる権力掌握である。平等主義者らは、一七九二年十二月六日以後、都市ジュネーヴの支配者として君臨するや、四十名から成る委員会を任命し、自らの原理に適合する政治布告を新たに練り上げた。一七九二年十二月十二日、旧体制終焉を告げるジュネーヴ最初の革命的政令が市民総会により採択された。この政令は旧市民、企業家、居住民、土地っこおよび臣民の間での政治的平等を同時に宣言するという形式を取りつつ、こうした構成を基盤にした国民議会を召集した。この議会において、新たに憲法典が編纂された。そして、当世紀間に出されたあらゆる政治的判決が無効とされた。このなかにはJ＝J・ルソーに対する判決も含まれていた。新たに革命化したセルクルは、一七九二年十二月二十八日、小市参事会を衰退させ、二つの臨時委員会を発足させた。そして、この二つの臨時委員会がジュネーヴ政府を担うことになる。しかしながら、ようやく一七九三年二月十二日になり、一二〇名の委員から成る国民議会が選出された。この議会において、一七九四年二月五日、新憲法が制定された。

D．一七九四年憲法

全市民《シトワイヤン》による投票に付された一七九四年憲法は、社会的存在である人間の権利および義務についての宣言を冒頭に置き、ジュネーヴ共和国史上初めて権力分立、人民主権、および直接民主制を規定した。

このような次第で、一七九四年憲法は執行府、立法府、司法府を区別した。執行府は十三名の委員、四名の代表市民から構成される。立法府の機能は四十二名から成る立法会議により行使される。立法会議が作成する法案は、すべての市民《シトワイヤン》から構成される市民総会において投票に付される。司法府は任期三年間の検事総長の指揮に置かれる。しかしながら、一七九四年憲法は市民権をプロテスタントのみに限定し、各行政区画に風紀取締委員会を設置するように指示していた。その目的は、同委員会の下に公衆道徳を監督することにあった。そのうえ、この憲法は、各市民へ政府に対する請求権を認めていた。そして、三〇〇ないしは五〇〇、または七〇〇名の支持があれば、この請求権は、まさしく立法上または憲法上の発案権ともなった。

E．一七九四年革命、革命裁判所および憲法的秩序への回帰

迅速に施行されたにもかかわらず、その採択後数か月にして、一七九四年憲法は革命委員会により施行

中断とされた。この革命委員会は一七九四年七月十九日に権力を掌握すると、大量逮捕に乗り出し、フランスでの先例に倣い、第一次革命裁判所をジュネーヴに設置した。この裁判所は、旧体制支持者らに対して何百件もの有罪判決を出した。このうち、十一名がバスチオンで銃殺された。一七九四年七月末にロベスピエールが失脚すると、当然の結果として、ジュネーヴにおいてまさしく「テルミドール反動」が勃発した。設置された第二次革命裁判所でも、六名の「山岳党派」を銃殺刑に付し、他方、多数の「貴族」を有罪とした。ジュネーヴ共和国の憲法体制がようやく回復されたのは、一七九四年秋である。実質的にはごく形式的な制度上の改正が加えられた上で、一七九六年十月に憲法創設文書として投票に付された。ジュネーヴ共和国の歴史はもはやフランスによる併合という差し迫った危機を逃れることができなくなった。ついにフランスによる併合が起こったのが一七九八年四月十五日である。この事実は、併合条約により確定された。そして、ジュネーヴは一八一三年末までフランス国内の都市となったのである。

II 経済的・文化的繁栄

国内のさまざまな抗争にもかかわらず、一般的に十八世紀におけるジュネーヴでは、フランス革命勃発まで大きな経済的繁栄を遂げた。その特長となったのは、新たな人口増加であり、顕著なまでの成長期間でもあった。しかし、特にジュネーヴの十八世紀は例外的なまでに文化的影響力を振るった時期だった。

これに由来する根本的な変動により、その知的機能をも変えるに至ったジュネーヴは、次のような啓蒙主義的共和国にして学識者都市となった。すなわち、かの『百科全書』は、ジュネーヴを啓蒙主義的共和国のモデルとして、全ヨーロッパに推奨したほどだった。他方、知識人都市としてのジュネーヴは、人口の割には、ロンドン、ベルリン、パリの諸アカデミーへ、「他のいかなる国よりも［中略］科学者」（C・モンタンドン）を輩出したのである。

1．十八世紀ジュネーヴの経済的繁栄

十八世紀ジュネーヴは、次のような人口増加の恩恵を受けた。すなわち、約六〇パーセントによる増加率で、人口は一七一一年から九〇年までの間に、一万八〇〇〇人から三万人にまで増加した。このような人口増加の原因となったのは、おそらく死亡率が低下したからであろう。しかし、とりわけ、十八世紀中葉に至るまで続いたフランス人難民流入があったからであろう。その原因となったのは、――ちょうどドイツ系移民の初期において、その大半がヘルヴェティア地方（ドイツ語圏スイス）から経済的動機に基づいていたように――やはり宗教的理由からだった。なお、否定の余地がないまでに「職業分化」していた。このようにして良質の労働力に恵まれたジュネーヴは、十八世紀中葉期（一七三〇―一七五〇）の景気後退を除けば、例外的なまでの経済的繁栄を謳歌した。なかんずく、十八世紀中頃以来、ジュネーヴは、この点において、「揺るぎない世界的な時計製造業中心地」（A・バベル）であり、ヨーロッパにおけるインド更紗製造業の一大中心でもあり、国際金融から見て重要な銀行業の一大拠点ともなった。

時計製造業——金銀細工業、宝飾品製造業からエナメル細工に至るまでの関連職種をも「ジュネーヴ産業」のなかにひっくるめると、時計製造業は「都市ジュネーヴの養母」(A・バベル)となった。三人ないし八人の職人から成るさまざまな工房によって営まれた時計製造業は、ジュネーヴにおいて、一七二五年以降、十人につき二人を、一七八八年には十人につきほぼ四人を雇用した。それればかりか、「大勢の女性を参加」させかつ「雇用を近郊にまで拡大」(A=M・ピウズ)させることを促進し、一七八四年には、都市部と近郊地域との間で約二万人を雇用した。この時期に年間総量一〇万個の腕時計を生産していたジュネーヴ時計製造業は、全世界を市場にしていた。

インド更紗製造業——十七世紀末にジュネーヴに導入されたインド更紗が十八世紀初頭より飛躍を遂げた主な理由は、フランスのドーフィネおよびラングドックからの難民らにより後押しされたからだった。その結果、一七三〇年代から、インド更紗はジュネーヴ共和国第二の中心産業となった。原料調達のみならず製品販路をも完全に広大な世界市場に依拠していたインド更紗製造業が発展したのは、西ヨーロッパ主要諸国の経済・関税政策に密接に関わっていたからでもあるが、一七六〇年から八五年の間にその頂点に達した。大きな工房経営を禁止する同業組合的規制を脱したインド更紗製造業が、大規模な工場制手工業形態で約十二の工場で営まれるようになったのは、ほぼ一七八〇年から八五年の時期である。このうち、最も有名な工場がファジー社である。同社は、当時にして、ベルグで約二〇〇〇〇人の労働者を雇用していた。その大半は外国人、女性、子供だった。その最盛期には約三〇〇〇人もの人員を雇用していたジュネーヴのインド更紗製造業は、まずもって一七八一年、八二年の政治的混乱に動揺し、一七八五年から八七年以後になると、急速に衰退していった。というのは、当時のフランス財務総監カロンヌが保護貿易主義的な政令を発したからである。

銀行——十七世紀末におけるジュネーヴの商業が大いに金融へ傾斜していったことの結果として、十八世紀のジュネーヴにおいてプライベート・バンクが出現し急速に発展していった。これは、「ユグノー教徒インターナショナル」と密接に関係していたように思われる。すなわち、ジュネーヴの資本家らによる投資先が、大規模な商業会社そして公的投資市場、特にフランス市場へと軌道修正されたことと密接に関係していたように思われる。部分的にはジュネーヴの門閥とベルサイユ宮殿（＝フランス王室）との間にさまざまな関係が存在していたことにもより、ジュネーヴ銀行業界によるフランス王国債務の引き受けがその頂点に達したのは、一七六〇年から八五年にかけてである。そして、それはスイス人ジャック・ネッケル（一七三二—一八〇四）が（ルイ十六世下のフランス財務総監として）華々しいキャリアを極めた時期でもあった。まさにこのとき投機に見舞われたジュネーヴは、「金利で儲ける町」として、「ますますフランス財務府に依拠するようになり、その依存状態はひどく病的なまでになった」（H・ルシィ）。その結果、フランス革命後、ジュネーヴは前例のない危機に見舞われた。一七九四年に、「ジュネーヴ全体が破綻を来した」とまで言われた。

2. 文化的輝き——ジュネーヴにおける学芸の開花

次の二つの潮流が一つに収束したことこそ、十八世紀にジュネーヴが正統カルヴァン主義の牙城から啓蒙主義的共和国へと変容していったことの起源であろう。すなわち、一方では、哲学者ジャン＝ロベール・シュエによる影響下で、デカルト的合理主義と実験的方法が融合した潮流と、他方では、神学者ジャン＝アルフォンス・トゥレッティーニを中心とした、神学的自由主義という潮流である。プロテスタントのローマが学識者都市へと一変したという事実は、まずもってジャン＝ロベール・シュエによる周到な方針による。シュエは、学院ばかりか啓蒙の世紀におけるジュネーヴの知的生活をまさしく改革した。一六六九年から八六年にかけて学院において講じた先進的な哲学講義を介してのみならず、一六八六年より一七三一年に没するまでの市参事会員としての活動を介して、シュエはジュネーヴにおける学術の発展に決定的な影響を与えた。この点において、シュエが何よりも尽力したのが、新講座の創設である。これが基点となり、ジュネーヴにおいて学術が普及していった。数学講座（一七〇三年）を最初に担当したのがエチエンヌ・ジャラベール（一六五八―一七二三）であり、その後、講座は、ヨーロッパ全土にまで名声を博した二名の学者が交互に担当した（一七二四年）。ジュネーヴ科学界における「カストルとポルックス」とも称されたその二名とは、ジャン＝ルイ・カランドリーニ（一七〇三―一七五八）とガブリエル・クラメール（一七〇四―一七五二）である。さらに、自然法講座では、ジャン＝ジャック・ブルラマッキ（一六九四―一七四八）が講義を担当したことにより、新しく法学校が発展していくきっかけとなった。

このようにジャン＝ロベール・シュエが「君臨」していたことにより、ジュネーヴにおける正真正銘の学術的伝統の出発点として、自然科学部門（植物学、動物学、地質学）が顕著な発展を遂げた。まず、学院内で注目すべきは、地質学者および物理学者としての活動と発見で知られているオラース＝ベネディクト・ド・ソシュール（一七四〇―一七九九）である。哲学と物理学担当教授の彼は、山岳のみならずアルピニズムについての科学的研究の先駆者の一人として、一七八七年にモンブラン登頂を成し遂げたばかりか、太陽エネルギー研究の先駆者の一人でもある。他方、学院外で注目すべきは、博物学者にして哲学者でもあったシャルル・ボネ（一七二〇―一七九三）である。倦むことのない観測者であった彼は、単為生殖を発見したことで特筆されるばかりか、信仰上の啓示と当時の科学上の諸成果との調和を試みた。

3．「学識者都市」にして「啓蒙主義的共和国」であるジュネーヴ――その社会文化的かつ神学的変容

確かに、ジュネーヴの科学は、十八世紀において異例なまでの科学文化的諸条件の恩恵に与っている。第一には、カルヴァン主義的道徳の影響により、「真理の探究」が「義務感」として重視された。第二には、全ヨーロッパレベルでの関係網――すなわち、「ユグノー教徒インターナショナル」――を有する門閥が、科学研究にはうってつけだったことである。彼らはもはや聖職や政治的な公職に関心を示さなかった。第三には、「門閥的価値観と科学者的価値観との間に同等の関係があったこと」（C・モンタンドン）である。わけても、カルヴァン主義的教義が決定的なまでの転換に踏み切ったばかりか、神学者ジャン＝アルフォンス・トゥレッティーニ（一六七一―一七三七）の主導下で、自ら神学的自由主義の途へと転じて

いったことである。

この点について、デカルト的合理主義と同様に実験的方法をも賞賛していた、J＝A・トゥレッティーニが決定的な影響を及ぼしてジュネーヴにおける学術の発展に貢献したのは、自ら学院において教鞭を執り、知的に関わったばかりではない。自ら宗教的に実践したことにもよるのである。すなわち、トゥレッティーニはジュネーヴ教会の牧師として寛容の精神を広め、そしてそのことと直結することであるが、一七〇七年にはジュネーヴにおいてルター派信仰の許容のみならず、一七二五年にヘルヴェティア一致信条の教義表明書の廃止にも貢献した。「科学的な新しい世界観は自然神学にとっても原理的にキリスト教の諸真実を是認し得るはずだ」（M・エイド）と認める彼の信念は、自然学研究にとって最も堅固なる手がかりの一つとなった。

十七世紀全般を通じての文教政策の結果として、十八世紀のジュネーヴは多くの外国人旅行者らによって指摘されているような教育水準にあったとはいえ、知的活動の中心地とは思われていなかった。しかしながら、このプロテスタント共和国は、かのダランベールが啓蒙主義的共和国の典型として挙げたように、じきにフランス文学史において有名になった。それは、ジュネーヴが十八世紀フランスで最も著名なる人物のうち二人をその城壁内に迎え入れたことである。一人は、ジュネーヴ出身ながら放浪者であったルソー（一七一二—一七七八）である。彼は一七五四年の夏に故郷ジュネーヴに戻って来た。もう一人は、ヴォルテール（一六九四—一七七八）である。彼はジュネーヴから歓迎されたのであるが、自らはジュネーヴを離れ、一七五五年より市内デリスから仏領フェルネへと移った。

こうして、まずジュネーヴはこのような二重の後ろ盾の下に、演劇論争の背景となった。この論争は、一七五七年に『百科全書』のなかでダランベールが執筆したジュネーヴについての項目をもとに、ヴォルテールが問題提起したことによって始まる。そしてこれをきっかけとしてまとめた有名な『演劇に関するダランベール氏への手紙』（一七五八）により、ルソーは習俗壊乱原因になるとして演劇を非難した。次いで、一七六二年に小市参事会がルソー本人とその著作『エミール』、『社会契約論』を断罪すると、ジュネーヴは政治論争の舞台ともなった。この論争には、次の二冊の著作、すなわち、一七六三年にジュネーヴ共和国検事総長J・R・トロンシャンがしたためた『野からの手紙』、そして翌一七六四年にルソーが発表した『山からの手紙』が大きく関わってくる。(1) その結果として、ジュネーヴ人の間で奇妙なまでに「小冊子《パンフレット》発表熱」が広まった。これは、十八世紀の主要な趨勢の一つにまでなった。このことをますます裏付けることとして、ジャン＝ジャック・ブルラマッキ『自然法諸原理』（一七四七）に始まり、ジャン＝ルイ・ドロルム（一七四一―一八〇六）『イギリス憲法論』（一七七一）までの諸著作が公刊された。特に、ブルラマッキの著作は版を重ねること十数回に及んだ。その他にも政治文献に関して、ジュネーヴは、モンテスキュー『法の精神』（一七四八）が刊行されたことでも知られている。

（1）ジュネーヴ市内のローヌ川にかかるベルグ橋の北側につながる小島はルソー島と名づけられている。そして、書物を手に瞑想中のルソー座像が建てられている。

III　対外政策

十八世紀ジュネーヴの対外政策を強く特徴づけているのは、独立不羈《ふき》のみならず、市民代表らならびに小市参事会による秩序および権威をなんとしてでも守らねばならないという姿勢だった。それ以来、ジュネーヴの対外政策が、恒例となっていた歴代サヴォワ諸公らとの抗争に規定されることが少なくなった。なぜならば、歴代サヴォワ公は、一七二〇年にサルディニア王となるや、常にイタリア政策を志向するようになったからである。むしろ、ジュネーヴの対外政策を規定するようになったのは、ベルン、チューリッヒといった同盟関係にある諸邦が保障してくれた庇護と、強大な隣国フランスだった。情勢が一変したのは、フランス革命直後である。すなわち、一七九二年、革命フランスは他のヨーロッパ諸国に対して宣戦を布告した。そこで、ジュネーヴ共和国政府は、ジュネーヴをヘルヴェティア中立体制のなかに包摂することを盟約者団会議より確保すると、ベルンおよびチューリッヒから軍事的支援を取り付け、この中立体制を尊重させようとした。それでもやはりジュネーヴはフランス軍部隊による侵略を受け、一七九八年にはフランスへ併合されてしまった。その同じ年にスイス全土が総裁政府下のフランス軍により進駐された。こうして、ジュネーヴは、スイスにとって他の同盟都市であったミュルーズと同じ運命をたどることになった。

1. ヘルヴェティア同盟諸邦との諸関係

長期間にわたり国内が不安定状態にあったため、十八世紀にあって、ジュネーヴはまずもってベルン、チューリッヒといった同盟諸邦に頼ることにより、国内対立を克服しようとした。

実際のところ、四度にわたり、市民代表および小市参事会はベルン、チューリッヒ両政府からの支援を取り付け、都市国家ジュネーヴの国内秩序を維持し復興させた。すなわち、一度目は一七〇七年の危機の時であり、二度目は一七三四年夏のタンポヌマン事件、三度目は一七六五―六六年にかけての冬に起こったルソー事件直後であり、四度目は一七八一―八二年の動乱期だった。こうした支援要請により、ベルンおよびチューリッヒは、ジュネーヴ憲法体制下でフランスの保護諸国となった。さらには、これらの支援要請は、一七八一―八二年の騒動の時がそうであったように、憲法上の諸機関を復興させるため、正真正銘の武力介入の発端ともなった。

2. フランスとの諸関係――同調から併合へ

一六七九年にフランス弁理公使をジュネーヴに常駐させることから始まり、これに呼応して一七二八年にはフランスの首都にジュネーヴ側の代表部が設置されたという見地において、ジュネーヴとフランスとの間の外交関係を支配していたのは、同調という原則だった。

この点において、パリ駐在ジュネーヴ側外交代表らは、こうした同調に無関係どころか、イザック・テリュッソン(任期一七二八―一七四四)以来、一七三七年にフランス側が申し出た調停の窓口になろうとしたり、ジュネーヴの現行政治体制の維持にあたるフランス側を支援しようとした。それゆえに、決定的な役割を担うことになったのは、疑いもなくジュネーヴ駐在の歴代フランス弁理公使らだった。十八世紀にあって、フランスがジュネーヴを併合するまで、この要職に就いていたのは、ピエール・カディオ・ド・ラ・クロジュール（任期一六九八―一七〇七／一七一五―一七三九）とフェリックス・デポルト（任期一七九四―一七九五／一七九六―一七九八）である。ジュネーヴのフランスに対する同調が不可避となったのは、ルイ十五世またはルイ十六世の治世の際に、ジュネーヴに民主的体制を確立することは許可しないとの決定が、フランス国王もしくはその諸大臣らによって下されたからだけではない。同様に、フランス革命中においても、ジュネーヴでは他ならぬ革命精神により「刷新された《ルジェネレ》」体制だけの確立を許容すると、革命指導者らが決定したからでもある。このような従属化により、いずれにしても、ジュネーヴ政府は、フランス側と交渉し、自国領の形態を修正することができた。このような経緯で一七四九年四月十五日に締結されたパリ条約により、ジュネーヴは、ペネイ村《マンドマン》の区画を有利な形で確定させ、シャンシーおよびアヴュリーを完全な管轄下に置いたばかりか、リュッサンを新たに獲得することができた。

3. サヴォワ家との諸関係——平和的な共存へ

深刻な紛争に彩られてきたジュネーヴとサヴォワ家との諸関係は、「冷戦」状態から、啓蒙の世紀において、「平和的共存」へと変化してきたように思われる。そして、この「平和的共存」を象徴的な形で示しているのが、一七五四年のトリノ条約である。

困難な交渉を何度も経た末に、一七五四年六月三日にトリノにおいてジュネーヴとサルディニア王国との間で締結された条約は、以上の観点からすると、両国間国境画定条約以上の意味を帯びていた。疑いのないことであるが、この条約により、ジュネーヴ共和国は、サルディニア王国との関連で、自らの領土を拡張し、さまざまな権利をも取得することができた。特に、ラ・ベロットおよびセイマに至るまでの北東部と、南西部の農村地域（カルティィニー、エペス）を領土として獲得した。もっとも、その代わりに、ジュネーヴは、多くの土地、町、村（特にサレーヴ山裾野の村やカルージュ）についての諸権利を放棄した。しかしながら、トリノ条約がまずもって詳しく規定しているのは、サヴォワ家との諸関係に関する新たな根拠についての再定義である。その結果、一七八一年から八二年にかけてのサルディニア王国による介入があり、サルディニア王国弁理公使がジュネーヴに常駐化された。それればかりではない。カルージュにおいてジュネーヴとの国境に設けた宣伝と商業活動の拠点が促進された。

4. フランス優位からフランスによる占領まで

A. フランスによる併合の予兆とその諸条件

ルイ十四世下で推進された「従属化」プロセスの帰結として、ジュネーヴがフランスに併合されたことは、旧体制下フランスとフランス革命との間に存在する連続性を如実に示している。一七九二年十二月にジュネーヴでも革命が勝利すると、以後五代にわたるフランス弁理公使らは、その前任公使らと同様の注意を払って情勢を見守り、以下のことに尽力した。すなわち、門閥体制を安定化させ、ジュネーヴ革命体制の基盤を固めることである。特に、ジュネーヴ革命体制は反革命の危機のみならず、「偉大な国民国家」の政策へ自らのそれを同調させることに直面していた。しかしながら、一七九七年以来、ジュネーヴ国境において密輸入事件が多発するという事態に直面し、フランス領により完全に取り囲まれた小さな共和国に対して、経済封鎖が実施された。経済的に行き詰まったジュネーヴが、併合を最後通牒の形で政治的に押し付けられたのは、一七九八年四月十五日である。フランス軍部隊がジュネーヴ市内に進駐してきたのは、市民総会の真最中だった。こうして、フランス軍による軍事的占領のもとで、ジュネーヴがフランス領内へ併合されることが最終的に決定された。このことは、十一日後に、併合条約により確定された。そして、この条約により、今後十五年以上にわたり、ジュネーヴが隣国フランスへ服従させられたのである。

B. フランス統治下のジュネーヴ

重荷となりかつ出費を要したが、だからといって、フランスによる占領は完全に抑圧的ではなかった。当時のジュネーヴは人口統計的にも経済的にも衰退期にあった。とりわけ、ナポレオン戦役ばかりかナポレオンによる大陸封鎖に深く関わっていたからである。しかし、制度的には、ジュネーヴは特別待遇を受けた。このおかげで、ジュネーヴに特有な気質が温存された。このような次第で、ジェクス、シャブレ、フォシニー、そしてジュヌヴォワの一部地域をも含めて新しく編成されたレマン県の県庁所在地となると、かつてのジュネーヴ共和国では、共有財と宣告された共和国固有財産の所有権と管理とが、ジュ

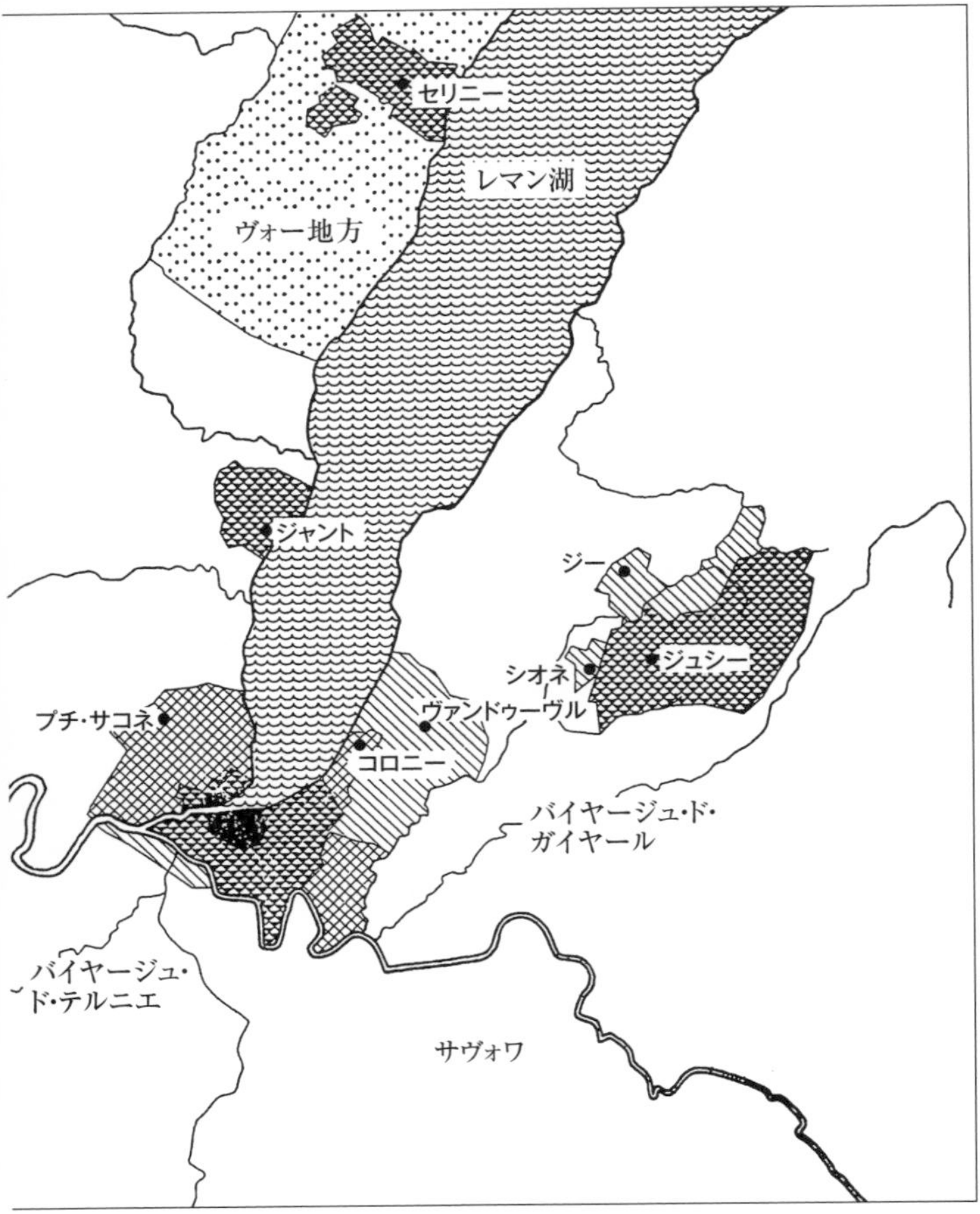
セリニー
レマン湖
ヴォー地方
ジャント
ジー
ジュシー
シオネ
ヴァンドゥーヴル
プチ・サコネ
コロニー
バイヤージュ・ド・
ガイヤール
バイヤージュ・
ド・テルニエ
サヴォワ

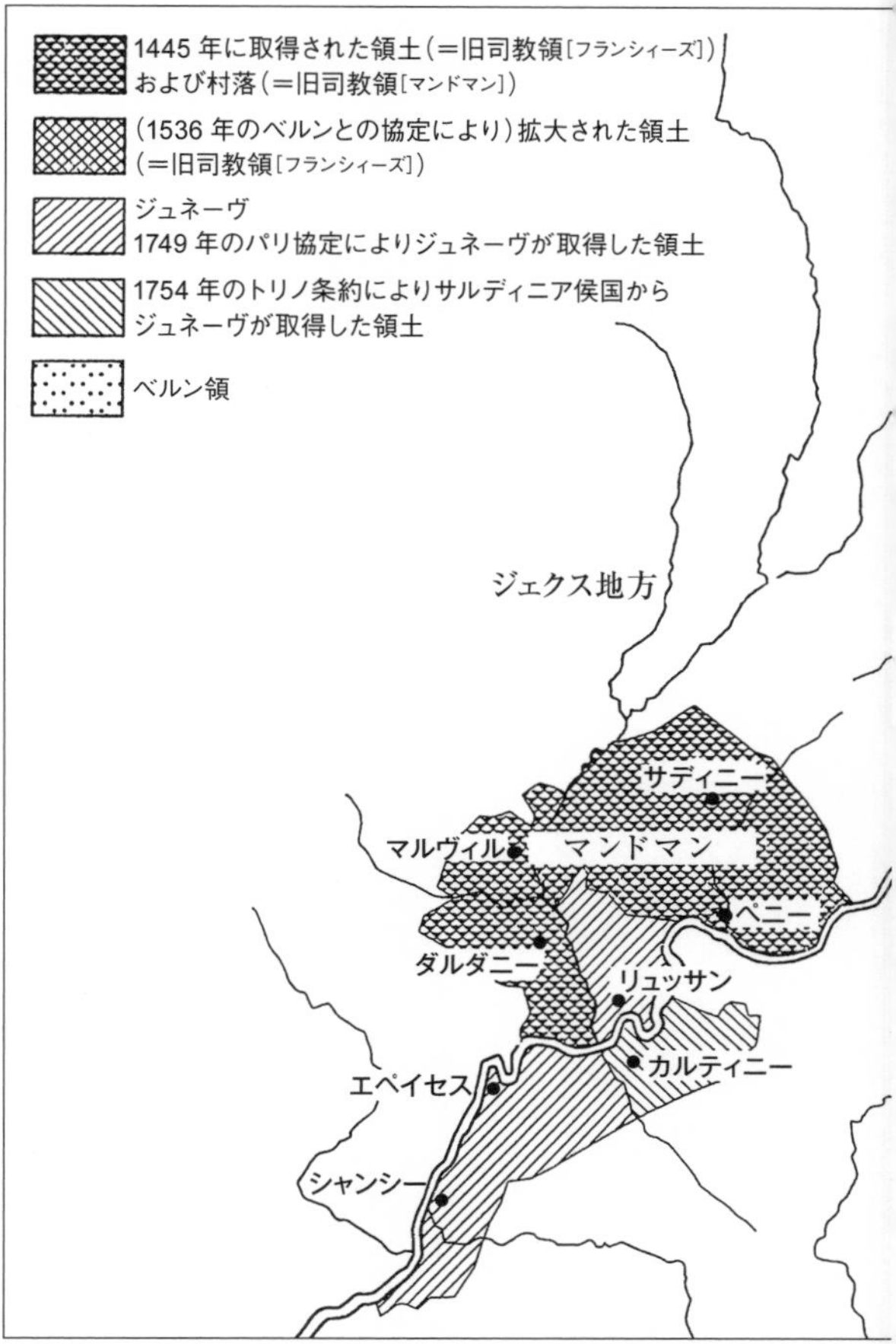

「中世より18世紀にいたるまでのジュネーヴの領土拡大について」（出典：P.-F. Geisendorf, *La vie quotidienne à Genève au temps de l'Escalade*, Genève, 1952）

ネーヴ人のみの手中にある次の二つの自律的組織に委ねることが確認された。すなわち、一つは公益協会であり、ジュネーヴの貧窮民を対象とした総合貧窮院の資財を管理した。もう一つの組織は、経済協会であり、主として、公教育や、プロテスタント宗旨を奉じる諸機関を管轄した。これ以後、連携協定を結んだばかりでなく、フランス側からの一定の支援が差し伸べられたことにもより、プロテスタント教会、学寮、学院は、ジュネーヴに特有な精神の牙城として、生き延びることができた。そして、ジュネーヴ共和国の独立が回復される時を迎えた。同様にして実り豊かな帰結をもたらしたのは、フランス的な都市システムが導入されたことである。もともと、一般的にはジュネーヴ的なコミューンが、そして個別的には都市ジュネーヴの都市行政局が創設されていた。それらは、旧体制復古の際に廃止された。新しく導入されたフランス的な都市システムの下では、各コミューンに都市参事会が置かれ、一名の区長と一名ないしは二名の助役が配された。こうした機構は今日に至るまで存続しており、ジュネーヴ的な都市システムの部分的な特徴の一つとなっている。

第三編　スイスの一カントンそして国際都市としてのジュネーヴ

第一章　スイスの一カントンとしてのジュネーヴ——プロテスタント共和国への復古から政教分離の時代へ（一八一三—一九〇七年）

十九世紀になると、ジュネーヴ史において全く新しい時代が始まった。それはスイスの一州《カントン》としての歴史である。都市国家という位置づけ——これ以後、その呼称が「共和国にして州」(1)であるジュネーヴとなる——が変わったことは数世紀にわたる兄弟都市同盟《コンブルジョアジー》によりすでに明らかになっていたが、これに加えてさらなる根本的変革がジュネーヴにもたらされた。それは、まずもってこの都市でありかつプロテスタントの小共和国がヘルヴェティア（スイス）連邦に加盟するにあたって、次のように二つの代償を支払ったからである。すなわち、第一には、ジュネーヴの領土が拡大してしまったばかりか、第二には、この拡大はきわめて限られたものであったとはいえ、新たに州となったジュネーヴの宗教的混合を後戻りができない形にまで進めてしまったことである。なかんずくスイスの二十二番目の州となったことにより、ジュネーヴは独自の外交政策を奉ずることをやめ、以後はヘルヴェティア（スイス）連邦当局の方針に従っていくことになった。

（1）「共和国にして州」とは、今日のスイス国内において、ジュネーヴ、ヌーシャテルとジュラ、三州で伝統的に使われている呼称である。しかし、スイス法上では他州と同じ資格である。

しかし、十九世紀にはさらなる根本的変革がジュネーヴの歴史に起こっている。それは、ジュネーヴ史上三度目の根本的改革である。すなわち、一八四六年のジェイムズ・ファジー（一七九四—一八七八）による急進的革命の後、城塞解体によって、要塞都市から外に開放された都市ジュネーヴへと変容を遂げたことである。「絶えず前進」という自らのモットーに従い、急進主義はその言葉どおりに都市ジュネーヴの拡大に新たな局面を開いた。その背後には三世紀にわたる後退と閉塞的精神による苦悩があった。同じく寛容でバイタリティーに富んだ精神が原因となって、十九世紀ジュネーヴに最後の重大変革が起こった。それはめざましいまでの人口増加と大企業の登場だった。

I　対内政治と諸制度の変容

かつての小共和国は、スイス連邦へ加盟後、新たに連邦内で担う役割により、さまざまな要請を負うことになった。こうした条件の下、十九世紀ジュネーヴの対内政治とは、半直接民主制から世俗化された近代国家へと移行していく過程として特徴づけることができる。この過程は、互いに対照的な二つの時期に区分される。第一期は、一八一三年十二月末の復古と一八一四年八月二十四日の保守派憲法から一八四六年十月の急進革命までである。なお、一八四六年の革命では、民主制が確立して、今までの「名望家支配」（F・ルション）が終焉を迎える。第二期には、民主的諸制度と民衆の諸権利とが進展し、実際にも効力を有したのであるが、一八四七年五月二十四日の急進派憲法から一九〇七年六月三十日の祭式予算の廃止にまで及ぶ。ちなみに、祭式予算が廃止されたことは、世俗化された近代国家の到来を告げた。

1．復古政治と啓蒙主義的保守主義（一八一三―一八四六年）

一八一三年末、すなわち、ナポレオンがドイツで軍事的敗北を喫した直後のことである。愛国心に燃える門閥貴族らが、元市民代表アミ・リュラン（一七四八―一八一六）および前主席検察官ジョゼフ・デ・ザール（一七四三―一八二七）の指導の下に、極秘裏に「政府委員会」を組織した。そして、十二月三十日、これを約二十名ばかりで構成された「臨時参事会」へと改組し、十二月三十一日にはジュネーヴ共和国独立の復興を宣言した。彼らのこうした勇敢な試みは決してたやすいものではなかった。オーストリアの自由主義者らからの要求、フランス軍部隊による逆襲の恐れ、ジュネーヴ市民の願望、列強諸国の思惑、そしてスイスの諸州の慎重な立場、これらの狭間にあって、ジュネーヴ共和国の独立を保持していくために、彼らには並々ならぬ根気と外交術が必要となった。その結果、その独立を維持していくためには、ジュネーヴがスイスの一州となるしかなかった。

こうして、ジュネーヴ共和国とヘルヴェティア（スイス）連邦とが相互に接近するためには、二つの条件が必要だった。その第一とは、寡頭支配体制を取っている保守派憲法を導入することだった。しかし、それは十八世紀の「騒乱」を蒸し返すことを意味した。その第二とは、ジュネーヴの飛び地状態を解消させるために、ジュネーヴ領を拡張させて、スイス本土に隣接させることだった。換言すると、それは、フランスならびにサルディニアのほぼ三十ものコミューンから約三万二〇〇〇人、および農村部にあってカトリック系の「編入コミューン」からの約一万六〇〇〇人の住民を、プロテスタント都市共和国ジュネーヴに統合することになった。こうして、ジュネーヴ州の様相は社会的にも宗教的にも変容を遂げていった。以上、二つの条件が満たされた結果、一方では、復古憲法が作られ、その他方では、この憲法に付随し、代表選出方法については一八一五年から一六年にかけて部分的に改廃されているが、「都市にして共和国なるジュネーヴが領土を拡大した場合の暫定的法律」が制定された。この法律は、新しくジュネーヴの領内に加わったカトリック系住民らの身分を規定してはいるものの、それでもなおプロテスタント系住民と対等な法的権利を与えてはいなかった。

A. 一八一四年憲法と復古政治体制

「貴族勢力からの反動の産物」（H・ファジー）と評されるように、一八一四年憲法は普通選挙を廃止して納税者のみを有権者とした制限選挙制を採った。そして制度として古くなった市民総会を廃止し、その権限を代表参事会に委譲した。この代表参事会は、比較的に限定された納税者名簿に基づき、何段階かに分けられた投票制度によって選出された二五〇名の代表で構成された。その他にも新しい憲法では復古共和国のなかに州参事会を設けていた。この州参事会を構成していたのは、免職不能な二十八名の委員と、これらの委員を取り仕切った四名の市民代表《サンディック》である。彼ら四名の全員が代表参事会から選出され、州参事会《コンセイユ・デタ》に席を置きながらも、行政権を執行した。立法事項に関しては、彼らだけに発議権が与えられていた。旧体制《アンシャン・レジーム》時代と同じ復古的な精神を基軸としていたので、一八一四年憲法はプロテスタント教会ばかりか神聖牧師会にあらゆる特権を賦与して復活させた。さらに、この憲法は、実際に活動しているさまざまな慈善団体と同様に、経済協会を存続させた。ただし、それらの構成員は旧ジュネーヴ領市民に限定していた。

当時手厳しく批判されたにせよ、それでもなおこの一八一四年憲法が誕生させた新体制は「段階的にではあるが、一貫してリベラルな発展を遂げていく」(W・E・ラパール)という特徴を示している。新体制のリベラル化を可能にしたものは、一八一四年十一月十六日に代表参事会へ与えられた規則だった。フランス革命期の立法議会ばかりかイギリス議会制にも精通し、ミラボー(一七四九―一七九一)とも親交があり、ジェレミー・ベンサム(一七四八―一八三二)の翻訳者でもあったエチエンヌ・デュモン(一七五九―一八二九)というリベラル派の文筆家がいた。彼から影響を受けていたので、この規則はジュネーヴの代表参事会に、当時のスイスではまたとない役目を与えた。

B. 「段階的発展」政策と「リゴー改革」

以上のような諸条件のもとで、憲法、民法、刑法をひっくるめた諸制度の改革政策が可能となった。しかしながら、この政策が初めて発展を遂げたのはリベラル派門閥ジャン=ジャック・リゴー(一七八五―一八五四)が市民代表《サンディック》に就任(一八二四年)してからだった。彼は二年ごとに再選されて一八二五年から四三年まで首席市民代表の地位にあった。「新生スイスとの関係を強化する」（J・J・リゴー）ことを目的とした「リゴー改革」――これは、「段階的前進」政策を列挙したものだが――特に選挙制度改革（一八三一―一八三二年）、州参事会の位置づけ（一八三一年）、そして参事会内審議の公開化（一八三三年）を対象としていた。

C. 一八四一年革命と一八四二年の民主憲法

「段階政策」が憲法的事項に関して逃げ腰であり、都市ジュネーヴの地位に関するリゴー体制の曖昧な態度が原因となって、一八四一年に政権が退陣するに至った。すなわち、憲法改革についてリゴー体制が優柔不断な態度を取るばかりか、一八四一年二月十日には都市ジュネーヴの市制改革を五年間延長したので、同年三月初めになると、「三月三日同盟」が結成された。「一八一四年体制をリベラルであり完全な代議制をとった民主体制へ置き換えること」（W・E・ラパール）として都市ジュネーヴに公選制市議会を実現しようと試みたという点において、この同盟こそが一八四一年十一月二十二日の革命を起こし、憲法制定会議を招集して新憲法を起草したことになる。

普通選挙と権力分立とを制度化している新憲法は、一八四二年六月七日に可決され、ジュネーヴに代表民主制を確立した。一七六名から構成される拡大州議会は、州参事会とともに法案発議権を有しており、立法権を行使した。十三名から構成される州参事会は拡大州議会のなかから選出され、ここから互選された四名の市民代表采配の下で、行政権を執行した。他方、司法権は完全に分離されていた。ジュネーヴ市ともなると、丸々コミューンであり、そして市議会を備えており、市議会から選出された行政評議会が都市の行政を担当していた。最後の点として、新憲法は多くの公的自由諸権を認めてはいたが、信教の自由については考慮していなかった。プロテスタント祭式とプロテスタント市民教会の運営を認めている新憲法は、カトリック祭式を自由に執り行なうことを保障するに止まった。その他の点では、経済協会と「旧ジュネーヴ市民」に限定された慈善団体を維持していた。

D．保守民主体制（一八四二―一八四六年）と一八四六年革命

一八四二年憲法可決後に実施された選挙では、拡大州議会において保守勢力が圧倒的多数派を形成し、（選挙前にも州参事会に議席を占めていた）八名の元市参事会員をも含めた州参事会が選出指名されたので、確立した体制としては「ブルジョア保守的民主制」ということになる。この体制のなかに「リゴー体制」を支えた政治勢力が温存された。これに続く「名望家体制」は、州レベルだけでなく連邦レベルでも中庸政策を採ったために、野党の革新リベラル派勢力はその立場を急進化させていった。なかでも一八四六年十月初頭に始まる民衆デモで槍玉に挙げられたのが、連邦レベルの諸案件に関して拡大州議会が表明した立場である。こうした立場が原因となって、一八四六年十月七日の急進革命により体制は崩壊した。

こういうわけで、カトリック系保守派諸州の分離同盟を解消すべきだとの急進派からの提案を連邦議会で支持することを、ジュネーヴ州政府が拒絶したので、一八四六年十月七日、州政府側と民衆とのにらみ合いは流血の事態を引き起こした（死者二十七人、負傷者五十五人）。この責任をとって州参事会は総辞職

し、急進党党首ジェイムズ・ファジーの提案に基づきモラールで市民集会——「市民総会」とも称されている——が開催された。そこにおいて、州憲法制定拡大州議会を新たに選出し、新州憲法を起草すべきことが呼びかけられた。

2. 急進主義の勝利と近代民主制の変容

一八四六年の急進革命は十九世紀ジュネーヴの対内政治史において決定的な転換点にあたっている。それを如実に示しているのが要塞の撤去である。このような「革命的行為」（A・ブリュラール）によって、ジェイムズ・ファジー率いる圧倒的な急進主義が達成したものは、経済面で特に時宜を得た一連の大事業のみではない。都市郊外の開発によって、十九世紀後半における産業の発展につながる布石をも打った。これに加えて、その開放の理念を教会と学院《アカデミー》にまで及ぼすことになり、プロテスタント教会を民主化し、こうした条件の下では疑問の余地がないわけではないが、学院をまもなく大学《ウニヴェルシテ》へと改組刷新（一八七二—一八七三年）した。しかしながら、急進主義は、カトリック教会を民主化することにより、配下に置こうとして失敗した。それはカトリック教会組織の事情に疎かったからである。その結果、アントワーヌ・カルトレによる戦闘的反教権主義主導下（一八七〇—一八七九年）では、文化闘争に由来する苦くかつ不要な対立を引き起こした。そうすることで、急進主義は、ジュネーヴの全コミューンのなかでもともと急進主義を支持していた多数のカトリック勢力をしばし敵にまわしてしまい、ついには教会と国家の分離へとこぎつけた（一九〇七年）。

A. 一八四七年の急進州憲法

一八四七年五月二十四日に採択された急進州憲法は、ただちに州民主権原則を宣言した。そして市民総会と称される有権者団全体に次のような権限を与えた。すなわち、定数を一〇〇議席にまで縮減された立法権担当機関である拡大州議会のみならず、定数を七議席にまで縮減された行政権担当機関である州参事会をも選出する権限である。しかし、その一方では、市民代表という官職が消滅した。次いで、第二章の人権宣言で際立つ一八四七年急進州憲法は、宗教についても規定している。すなわち、当時、二つのキリスト教宗派が州政府によって公認され、かつ、財政的援助を受けている特権的状況にあった。新憲法では、宗教の自由を完全に保障し、そして、公権力がいずれの信仰をも平等に保護することにより、宗教的自由を公認した。これは、ユダヤ人社会公認への道へとつながっていく（一八五二年）。その他にも、新州憲法はプロテスタント教会——これ以後はプロテスタント州民教会と称されるようになる——にまで間接民主制を浸透させた。すなわち、新州憲法は、各教区の住民に牧師の任命権を賦与し、ジュネーヴ州に居住するプロテスタント系住民が同じように選出した宗務局に教会内諸宗務の管理運営を賦与した。最後に、経済制度の面について言うと、一八四七年州憲法は経済協会の解散に踏み切った。そして、不動産をコミューンに戻し、その一部の資本と収入とを抵当貸付銀行——現在の抵当貸付金庫（一八四七年創立）にあたる——ばかりか、割引信託投資銀行——のちのジュネーヴ銀行（一八四八年創立）である——の設立に充てた。

B．勝ち誇る急進主義の曲折とその主要人物

「一八四六年、ジュネーヴの運命が一変した」（J＝F・ファヴェ、C・ラフェスタン）と歴史書に記されているのは、同年以後、もはやプロテスタント保守主義の牙城時代ではなくなったからである。事実、急進主義的な新しい時代が始まった。そして同時に、ヘルヴェティア（スイス）盟約者団にとっても、同じ急進主義配下で、連邦制国家の誕生（一八四八年）というきわめて重大な変化が起きていた。

スイスの新しい政治指導者らとその立場を同じくしていたので、連邦国家が発足してから最初の五十年の間に、その行政府たる連邦内閣のなかに、二度にわたり、ジュネーヴ州選出者がその閣僚に選出されるなど、ジュネーヴは連邦レベルで重要な役割を果たしていた。その連邦内閣においてジュネーヴ州出身の閣僚を務めたのは、急進党指導者である。まず、一八六四年から七四年にかけてジュネーヴ州選出の連邦閣僚を務めていたのはジャン＝ジャック・シャレ＝ヴェネル（一八一一―一八九三）である。彼は、珍しくも再選されなかった連邦閣僚の一人である。というのも、一八七二年の憲法改正により落選したからだった。次は、一八九三年から一九〇〇年にかけて、ジュネーヴ選出の連邦閣僚であったのがアドリアン・ラシュナル（一八四九―一九一八）である。彼は、一八九六年に、ジュネーヴ人としては初めて連邦大統領の地位に就いた。

まさにジュネーヴの急進党時代では、不断の積極策が支配的となった。それはまずもって一八四七年にジュネーヴで樹立された民主体制が独特なものであったばかりか、その民主体制が後に引き起こすことに

なるさまざまな喧騒が原因となった。それらの喧騒は直接民主制の特長とも言える民衆の諸権利が次のように拡大されたからである。すなわち、毎年実施される選挙、一八七九年からは任意的となった州議会選挙と一八九一年からの法案発案権、一八八六年からはコミューンにおける投票権と選挙、一般民衆により一八九二年からは州参事会員と一九〇四年からは裁判所判事が選挙されるようになったことである。そして、スイスでは初めてということになるのだが、一八九二年からは比例代表制が実施された。これにより、労働者政党としての社会民主勢力、独立政党としてのカトリック勢力が議会に登場した。しかしながら、急進党時代の濃密な政治を語るものは権勢を振るった急進主義の立役者らの人間像をおいて他にない。彼らは、求心力を高めたものの、他方、最も手強い野党勢力をも生じさせた。一八四六年革命のカリスマ的指導者であったジェイムズ・ファジー（一七九四―一八七八）、ファジー退場後ほどなくして独立会派の指導者となったフィリップ・カンペリオ（一八一〇―一八八二）、反教権主義論者であり、堅物のプロテスタント民衆主義者だったアントワーヌ・カルトレ（一八一三―一八八九）、そして十九世紀末期の急進主義に新たな社会的転機を導入したジョルジュ・ファヴォン（一八四三―一九〇二）がそうである。特にファヴォンは、重要な立法や社会改革の先駆者でもあった（労働裁判所の設置［一八八二年］、公的扶助制度の再編成［一八九八年］、集団的労働紛争法［一九〇〇年］など）。

C. 司教座問題、カルトレ体制、そしてジュネーヴにおける「文化闘争」

急進党時代に起こったものは、民主主義の浸透により達成された諸成果、政治的駆け引きが繰り返された緊張状態、一八六〇年代からのストライキの原因となった労働争議だけではない。この時代をさらに特徴づけたのは、深刻な政教間危機である。それは、一八七〇年代から十数年間に及び、ついには二十世紀初頭の教会と州政府の分離にまで至った。

ジェイムズ・ファジーを指導者として一八四六年革命に勝利した急進党勢力がジュネーヴで注目を集めたのは、宗教的なことに関して寛容だったということである。しかし、情勢は一変した。アントワーヌ・カルトレの急進体制（一八七〇—一八七九）が出現したからである。俗権の方が優越すべきだと深く信じきっていたアントワーヌ・カルトレは、実際のところ、強引に司教問題を処理することから始めた。当時、新たにジュネーヴ・カトリック教会の主任司祭にメルミヨ司教（一八二四—一八九二）が任命された。彼は、かつて、一八六四年に教皇から補助司教に任命された。古いジュネーヴ司教座を復活させようとしているとの疑いをかけられてもいた。このメルミヨ司教に対して、一八七二年、服従または辞職するようにとカルトレは命令した。カルージュの出身であり、後に枢機卿（一八九〇年）となるメルミヨ司教側からの頑強な抵抗に遭い、カルトレはメルミヨのジュネーヴ・カトリック主任司祭叙任を取り消して、その給与支払いを停止させた（一八七二年）。これに対抗して、教皇がメルミヨをジュネーヴ代牧という名目で引き続きジュネーヴ・カトリック司教区司教に据えたので（一八七三年）、カルトレは連邦内閣に助力を仰ぎ、メルミヨをスイス国外に退去させた。このため、スイスとローマ教皇庁との間の外交関係が断絶された（一八七三年）。しかしながら、カルトレ体制は反教権を目的とした立法措置を講じた。わけても、修道院を解散させ（一八七二年）、その財産を没収した（一八七六年）。そればかりではない。失墜後のカトリック勢力を立法措置により再編した(一八七三年)。すなわち、カトリック教会を州政府による監督下に置き、主任司祭や代牧は各教区のカトリック系市民によって選出させ、カトリック聖職者にはジュネーヴ州憲法の前に宣誓することを義務づけた。以上のような、一つの州内にカトリック教会の創立を目的とした新しい教会制度は、たちまちにして従前からの州内カトリック運動勢力の反発に直面し、外国人司祭の助力により初めて機能したというのが、当初の実情だった。そのような外国人司祭のなかには、イアサント・ロワゾン師(一八二七―一九一二)がいた。しかしながら、ローマ・カトリック教会が有している根強い力によるのだろうか、現職のカトリック主任司祭の過半数がジュネーヴ州憲法の前に宣誓することを拒否したので、新しい教会制度は、これ以後、聖職者財団と称される私的奉仕活動に頼らざるを得なくなった。事実、解体されたローマ・カトリック教会と並んで、州内カトリック教会の性格がどちらかと言うと常に少数派であることと、しかも覚醒運動《レヴェイユ》(1)に由来する分離プロテスタント教会までもが併存していたこととは、否応なしに教会と州政府との関係の見直しを迫ることになった。こうした点において、枢機卿メルミヨがローザンヌとジュネーヴの司教に任じられ(一八八三年)、かつ急進党のジョルジュ・ファヴォンや民主党のギュスターヴ・アドール(一八四五―一九二八)のような政治指導者が新たに政権に就いた直後に始まったローマ・カトリック教会との関係正常化交渉により、懸案となっている改革への途が開かれた。一八八〇年と九七年の二度にわたっての国民投票で法案が否決されはしたが、結局のところ、政教分離原則は一九〇七年六月三十日にジュネーヴ州民により受け入れられた。そして州憲法において祭式予算の廃止が明記されるに至った。

（1）十七世紀後半ドイツの宗教家シュペーナーが始めた敬虔主義運動のことである。

Ⅱ　対外政策から国際性まで

十九世紀ジュネーヴの対外政策の推移に関して、次の三つの重要な事実に留意すべきである。第一には、一八一五年から一六年にわたるジュネーヴの新国境確定交渉であり、第二には一八一五年から一九年にかけての司教区問題処理であり、第三が一八五九年から六〇年に及んだサヴォワ問題に起因する紛争である。その対外政策に制約されかつその活動範囲によっても締めつけられていたとはいえ、（以前とは）異なった社会的かつ政治的諸条件の下ではあるが、ジュネーヴは、避難都市としての機能とコスモポリタン的伝統を取り戻していくことになる。そして、広く人類の福祉に関わる秩序をどうするかという課題において、たとえば労働問題がそうであるように、また、諸国家間の平和をいかに実現するかという課題において、ジュネーヴは新たに国際的役割を拡大させていった。

1．ジュネーヴの新国境確定交渉

一八一三年十二月末に復興された共和国の将来は、臨時参事会の参事会員ら、そして彼らのなかから列強諸国のもとに派遣された代表らの目からすると、ジュネーヴがスイス連邦に加盟するという枠組みのなかでのみ保障されると思われた。そこで、これまでのところばらばらに分割され、しかもスイス領とのつながりさえなかった六つに及ぶジュネーヴ領を拡張していくことが、十九世紀初頭におけるジュネーヴの対外政策の最優先課題となった。

フランシス・ディヴェルノワ（一七五七―一八四二）とジャン＝ガブリエル・エナール（一七七五―一八六三）とともにウィーン会議とパリ第二会議におけるジュネーヴ代表団に参加した、シャルル・ピクテ・ド・ロシュモン（一七五五―一八二四）主導の下にジュネーヴ領拡大化のための諸交渉が進められた。その目的は次の二点にあった。第一点は、ジュネーヴ領を周囲の囲い込みから解き放すこと（カポ・ディストリア）により、スイス本土に隣接させることだった。第二点は、ジュネーヴの領土を構成している個々の飛び地を解消させるに足りるだけの「領土拡張」だった。

このようにして、領土割譲の見込みやフランスそしてサルディニアの少数住民からの期待にも応えるという形で、支配的になり、かつ、以後継続していったのが、次のような考えである。すなわち、ジュネーヴ領から飛び地を解消することに限定した、「小さなカントン」としての「対内指向的」考えである。これは、ロシアおよびプロイセンからの圧力を受けながらも、一八一五年三月二十九日付ウィーン会議の二つの議定書で調印された協定のみならず、一八一五年十一月二十日付パリ第二条約や一八一六年三月十六日付トリノ条約での規定に明文化された。これら三つの条約によりこの新しい州の基本的領土が確定した。まず、パリ第二条約では、三五〇平方キロメートルに及ぶ「フリー・ゾーン（免税圏）」をさらに設けた上で、ジュネーヴとスイス本国とを領土上隣接させることが図られ、仏領ジェクス地方から、面積にして四三・九平方キロメートル、人口にして三三五〇人の住民が住む六つのコミューンが割譲されることにより、旧司教領《マンドマン》とジャントでの飛び地状態が解消された。次に、トリノ条約では、一九〇平方キロメートルに及ぶ「フリー・ゾーン」が設定されたばかりか、北サヴォワ地方が軍事的に中立化されたことにもより、面積にして一〇八・八平方キロメートル、人口にして一万二七〇〇人の住民が居住していた約二十ばかりのコミューンの全部または一部が割譲されることにより、ジュネーヴ領の飛び地状態が解消された。

約三十を数える新しいコミューンは「編入コミューン」とも称された。これらのコミューンを新たに編入したという条件の下で、ジュネーヴ州の面積は拡大し、これまでのジュネーヴ領の飛び地状態が大幅に解消した。それでもなおジュネーヴ州はほぼ完全に外国領土に囲まれた飛び地状態にあった。なぜならば、一〇七・五キロメートルにわたるその国境線のうち四・五キロメートルしかスイス本土と接していないからである。

2．司教区問題の解決

復古後のジュネーヴ政府が外交政策上の第二の優先課題としたものとは、「編入コミューン」の住民が持ち込んだ政教の動向である。それは、「編入コミューン」が、外国人大司教であるシャンベリー司教の影響下にあったからである。同様にして、新しい領土の割譲条件に関するウィーン議定書が調印された直後から、復古政府は、教皇庁を相手にあらゆる手段を講じて、「編入コミューン」内の諸小教区をスイス側司教区に統合しようとした。

以上のことを対象としたのが、スイス駐在教皇庁大使宛に一八一九年九月二十日付で送付された教皇書簡「あまたあるもののなかで《アンテル・ムルティプリース》」である。この書簡を介し、教皇ピウス七世は、激昂しているジュネーヴ主任司祭ヴュアラン神父（一七六九―一八四三）ばかりかシャンベリー・ジュネーヴ両教区大司教からの反対を無視して、ジュネーヴと「編入コミューン」のなかにある諸小教区をシャンベリー司教区から切り離し、ローザンヌ司教区に統合させた。そして、一八二一年一月三十日付の教皇書簡によりジュネーヴ司教の権限はローザンヌ司教に移管された。

3. サヴォワ問題

復古時の諸条約が規定したものは、新州ジュネーヴの国境とそのカトリック系住民の地位ばかりではない。この国境周辺に関税免除区域を設定し、北サヴォワ地方の中立化についても規定していた。すなわち、戦略的に重要なこの地域にまで、スイス側が主張する中立が拡大された。

一八五八年のプロンビエールの密約を原因として、翌一八五九年のイタリア戦争や、一八六〇年にサヴォワがフランスに併合されるまでに発展する一連の出来事に、スイスのみならずジュネーヴも無関心ではいられなかった。実は、スイス連邦による北サヴォワ地方中立化の内容と諸条件に関して、スイスとサルディニア王国との間では、意見が対立していた。しかしながら、意見の対立はスイス内にもあった。すなわち、この地方をスイスに併合すべきという強硬派と外交当局支持派とが対立していた。スイス政府の態度もまた一貫性を欠いていた。その背景としては、「急進的な」領土拡張主義に対して多くの州が一致してためらいを示していたし、カトリック系住民が新たに増えることに、多くのジュネーヴ市民が困惑していた。そのうえ、〔サヴォワが〕フランスに併合される際には、シャブレとフォシニーとを含めた「大《グランド》ゾーン」という関税免除区域の設定を支持する「フランスとゾーン」というキャッチフレーズによる巧妙な反対をフランス側から受けていたところに、一八六〇年三月末にはボンヌヴィルとトノンにおいて、ジュネーヴ側の急進的な活動家が実力行使に出ようとした。このために、スイス側の大義は著しく損なわれた。一八六〇年四月二十二―二十三日の住民投票では、スイスへの編入を主張するサルディニア側支持者らが棄権したために、「大ゾーン」の創設とともに、サヴォワ地方をフランスに帰属させることが圧倒的多数で決まった。

一八六〇年六月十二日、サヴォワ地方をフランスに併合することを公式に発表するに際して、ナポレオン三世下のフランス政府は、北サヴォワ地方の中立化を取り決めた諸条約の規定を遵守する意向であることを表明した。しかし、その一方で、フランス側は、皇帝の政令により一方的に「大フリー・ゾーン」を創設した。そして、オート＝サヴォワ県の四分の三が「フリー・ゾーン」となった。このようにして設けられた「大ゾーン」により、ジュネーヴは、経済的には、面積にして三七九〇平方キロメートル、そして人口にして三四万人の住民が住む「フリー・ゾーン」の頂点に位置づけられた。しかしながら、それでもなお政治的観点から見ると、ジュネーヴ州は、帝国主義的拡大策を採っている最中のフランスにほぼ完全に周囲を囲まれた状態にあった。スイス連邦の姿勢に関して言うと、ウィーン条約に保証国署名をした列強諸国と交渉することにより、スイス連邦はサヴォワ問題の処理を国際社会に訴えようとした。かなりの時間が経過してから、ようやくこの件に関して、ヨーロッパ諸国による会議が開催された。結局のところ、一八八一年六月十四日付フランス・スイス両国間協定で「大ゾーン」の創設が合意された。この「大ゾーン」は、「フリー・ゾーン」とともに、一九一八年から二三年の間に、一方的にフランス側から廃止されることになる。このことは、スイス側との間での長きにわたる法的問題となった。一九三二年六月七日の在ハーグ常設国際司法裁判所判決と一九三三年十二月一日の同裁判所「仲裁決定」とにより、解決された。

十九世紀ジュネーヴの国際的役割――スイス連邦へ加盟してから経験したように、ジュネーヴはもはや独自の外交政策をもてなくなった。このようにスイス他州に依存しつつも、ジュネーヴはその独自性を別の面で取り戻そうとした。『ユグノー教徒インターナショナル』の牙城」（H・ルシィ）そして避難都市という伝統的性格の系譜を踏まえた、豊かな国際主義的な雰囲気があったからである。

実際にも、ジュネーヴの国際的役割の源となったのは次の二つの事情が同時に存在していたことによる。一つは、一八四六年の革命で権力の座から追われたプロテスタント・エリートは、覚醒運動に由来する人道主義的な潮流に乗り出す偉大な人材に恵まれていた、という事情である。もう一つは、急進主義の躍進下で政治的、思想的、社会的にも寛容な動きがあったという事情である。古くからの避難都市だったジュネーヴは、政治的な迫害や官憲からの追跡を逃れて来た人々を受け入れてきた。このように、人材に恵まれていたことと、政治的に迫害された者に対して寛容であるという二つの事情が連動し、十九世紀ジュネーヴは次の三つの様相を呈することになった。第一に、人道法を育んだ地としての様相である。すなわち、アンリー・デュナン（一八二八—一九一〇）を発案者として赤十字国際委員会（ＩＣＲＣ）が創立された（一八六三年）。一連のジュネーヴ条約のうちでも第一回赤十字条約[1]が締結署名された地は、ジュネーヴだった。第二に、労働運動発祥の重要拠点の一つとしての様相である。すなわち、第一インターナショナルの第一回総会はジュネーヴにおいて開催された（一八六六年）。また、国際労働立法[2]に関しても、ジュネーヴは重要拠点となった。第三に、国際紛争を平和裡に解決するための重要拠点の一つとしての様相である。すなわち、一八六七年に万国平和会議がジュネーヴ市内で開催され、一八七一年から翌年にかけて、アラバマ号事件仲裁裁判所がジュネーヴ市庁舎内に開設された。

（１）「戦地軍隊に於ける傷者及病者の状態改善に関する一八六四年八月二十二日のジュネーヴ条約」を指す。
（２）「ＩＬＯ条約」を指す。

Ⅲ　社会、経済、文化的側面

１．社会・経済的拡張

復古後の諸条約やスイス連邦内での新しい政治的立場が有利に働き、十九世紀ジュネーヴはかつてないほどの人口増加を遂げた。このようにして、都市ジュネーヴの人口はわずか一世紀の間に五倍になった。すなわち、一八一四年に二万五〇〇〇人だった人口が、一九一四年には一三万一〇〇〇人にまで増加した。その一方では、ジュネーヴ州全体の人口も三万一〇〇〇人から一七万二〇〇〇人にまで増加した。同様の人口増加が見られることの主たる要因は、経済的欲求に動かされて強い増加の一途をたどる移民である。この移民のなかには他州から転入してきたスイス国民もいたが、主としてサルディニアとジェクス両地方のような周辺地域からの外国人移民も含まれていた。こうしたことは、ジュネーヴの魅力や、十九世紀後半からこの都市が拡張していったことを物語っている。それでもなお宗教や政治面にわたるはなはだしいアンバランスにより、抜き差しならない状態となった。すなわち、このアンバランスは一八六〇年以降、カトリック・プロテスタント両宗派間のこれまでの関係を一変させて――カトリック系住民四万二〇〇〇人に対してプロテスタント系住民は四万人となり――カトリック系勢力にとって有利な状態を作り上げてしまったばかりでなく、一八五〇年から一九一四年の間に「外国人居住民」が占める人口比率を二四パーセントから四二パーセントにまで増加させてしまった。

人口増加というこのような背景の下に発達していったジュネーヴ経済が、一八二五年から三五年の間におそらく経験したと思われるのは、インド更紗製造業が最後まで残っていた工房とともに姿を消したことである。それでもなお同じ時期のジュネーヴ経済に見られたことであるが――一八二九年から一九三八年にかけて年間あたりの観光客が一万八〇〇〇人から三万人にまで増加するなど、観光事業が躍進したことの他に――時計製造業とか銀行業のように他の伝統産業部門がめざましい勢いで活気を取り戻していた。そして、一八六〇年からは、まさしく工業が発達していった。すなわち、十九世紀末のジュネーヴの産業構造を見ると、第一次産業従事者、第三次産業従事者の比率が、それぞれ、八パーセント、五〇パーセントであったのに比べ、第二次産業従事者は四二パーセントを占めるにまで至った。

時計製造業――一八二八年には製造業者と小売業者だけでも五〇〇〇人の従業員を抱えるまでになり、じきに手工業的工場《マニュファクチュア》が「小さな工房」（A・バベル）の数々を束ね、ジュネーヴの時計製造業は往時の栄光をほどなく取り戻した。すなわち、高級品生産高は一八四五年で一〇万個に達したが、一八六〇年時点ではまだすべての注文に対応できるだけの技術水準に達したわけではなかった。それでもなお、ジュネーヴの時計製造業は、周期的に景気とか産業構造といった次元での深刻な問題に見舞われた。たとえば、一八四六年から四九年にかけての深刻な経済危機がそうである。この時には、千人以上の労働者が解雇されて路頭に迷っている。また、これより数十年の間には、戦争や国際的緊張にまつわるさまざまな困難にも見舞われた。

銀行業――フランス革命後のさまざまな喧騒がおさまると、プライベート・バンクが十八世紀末から十九世紀初頭にかけてのジュネーヴで再び姿を現わした。この時に、ジュネーヴ・プライベート・バンカー・グループと総称される一連の老舗銀行が創業し、今日もなお営業している。さまざまな国際的投機を脱すると、プライベート・バンクはもっぱら資産管理や公債の運用に専念した。その一方では、「ベンチャー・ビジネス」や地元への投資を控えた。しかしながら、金融、保証、貯蓄運用について地元側からのさまざまな要請に応えるために、別形態の銀行業種が生み出された。そのようなものとして創立されたのが、「貯蓄金庫」（一八一六年）、なかんずく、ジェイムズ・ファジーの肝煎りによる「抵当公庫」（一八四七年）や「ジュネーヴ銀行」（一八四八年）である。十九世紀後半でさらに特筆すべきことは、「ジュネーヴ証券取引所」（一八五七年）がこの種のものとしては初めてスイスに設立された。さらに同時代に起こったこととして指摘しておかねばならないのが、「大きな国際ビジネス動向のなか」にジュネーヴ経済が「再統合」（J＝F・ベルジエ）されたことである。具体的には、「連邦銀行」（一八七二年）のような重要な事業銀行が創立されたり、スイス国内の「スイス国民銀行」（一八九六年）やフランスの銀行「クレディ・リヨネ」（一八七六年）といった主要銀行の支店が開設された。

機械製造や化学のような大工業――地元の科学者らと実業家らとの協同成果として本格的な産業革命が始まったことにより、十九世紀後半には機械製造業や化学工業が新たに興った。こうして、ジュネーヴは重要な産業拠点となった。たとえば、一八六二年以降、オーギュスト・ド・ラ・リーヴ（一八〇一―一八七三）とマルク・トゥリー（一八二二―一九〇五）のような科学者の発見や発明を活用して、ジュネーヴ測量機器協会が設立された。同社は、高度精密測量機器製造で有名になった。一八八〇年代以降になると、別の機械製造業が勃興した。そのうちの一つが、シャルミル製作所の前身となるピカール・ピクテ社である。この企業では、当初、暖房器具を製造していたが、水力タービンも扱うようになり、二十世紀に入ると、自動車製造を始めたことで知られている。また、ムーロン・キュエノ社を前身とするセシュロン製作所をも挙げておかねばならない。電気機器製造のパイオニアであるこれに並行して、化学工業や染料、香料、アロマ製造業も興った。そして、シュイ&ネフ社が設立され、これを前身として、現在のフィルメニッヒ社とジボダン社がある。

2. 十九世紀の文化学術活動

啓蒙の世紀における啓蒙主義的共和国は復古後のジュネーヴにも引き継がれた。これを媒介したのが、シャルル＝ヴィクトル・ド・ボンシュテッテン（一七四五―一八三二）あるいはシスモンディ（一七七三―一八四二）のような知識人が主催するサロンだった。啓蒙主義的共和国の場となったのは、まさしく学問を嗜好する門閥貴族の家系であり、彼らが学院《アカデミー》における学術活動を担っていた。このような次第で、植物学では、ド・カンドル家から優秀な人材が輩出しており、このうち、オーギュスタン＝ピラミュ・ド・カンドル（一七七八―一八四一）が名高い。ボワシエ家もそうである。天文学ではゴーティエ家、化学と物理学ではド・ラ・リーヴ家を挙げておく。法律学と経済学の方面でこれと匹敵するような学問的業績を学院で繰り広げたのが、ピエール＝フランソワ・ベロー（一七七六―一八三六）、ペレグリーノ・ロッシ（一七八七―一八四八）、アントワーヌ＝エリーゼ・シェルブリエ（一七九七―一八六九）である。同様にして、哲学の分野では、都市ジュネーヴの政治に肩入れした哲学者エルネスト・ナヴィル（一八一六―一九〇九）と、急進革命のおかげで学院におけるナヴィルの後任となるが、死後、その前任者とは対照的に内省の哲学徒として世評を得ることになるアンリ＝フレデリック・アミエル（一八二一―一八八一）らの業績がある。文芸に関しては、ロドルフ・テプフェール（一七九九―一八四六）を挙げねばならない。彼は、復古後のジュネーヴにおける最も典型的な作家兼風刺画家だった。同様にして、ジュネーヴ的リアリティを想起させる逸材として、ルイ・デュミュール（一八六三―一九三三）、フィリップ・モニエ（一八六四―一九一一）、ガスパール・ヴァレット（一八六五―一九一一）がいる。

第二章　国際都市ジュネーヴ
――二十世紀から二十一世紀にかけて（一九〇七―二〇一三年）

二十世紀はジュネーヴにとって、コントラストによって際立った世紀である。実際のところ、一方では、二十世紀初頭から世紀末にかけて、人口、経済、政治各面での発展は不規則であったが、この「共和国にして州《カントン》」であるジュネーヴは、外交と文化の方面において、めざましい発展を遂げ、現代国際社会の中心地の一つにまでなっている。他方、その地政学的な位置からすると、国境横断的役割を帯びた地方拠点となるべく運命づけられていたが、フランスとスイス両国の国内政策の必要からばかりでなく、多国籍企業による経営戦略のさまざまな事情から、ジュネーヴは「頭を持っていても胴体を欠いた存在」となって久しい。換言すると、そのような関連諸国と国境で隣り合っていないにも関わらず、国際大都市となってしまった。

重要なこととしては、十九世紀に鉄道革命を怠ったために、なおもいささかヨーロッパの主要路線からは取り残されるという不便を蒙っていたが、二十世紀になってモンブラン・トンネルが開通（一九六五年）してからは、ジュネーヴはヨーロッパの高速道路網と結ばれるに至った。しかも、一九二〇年代からは、コアントラン国際空港開港に伴う空路革命からも恩恵を受けることになった。今やコアントラン国際空港は地球上すべての大陸とジュネーヴとを結び付けている。

I　社会経済、文化面での変化

1. 経済と社会

一九一四年まで続いた繁栄期を別とすれば、二十世紀前半のジュネーヴは、社会、経済、そして金融上の危機に相次いで見舞われた。こうした危機の原因となったのは、一九二九年の世界大恐慌であり、一九一四―一八年、一九三九―四五年にかけて繰り広げられた二度の世界大戦だった。特に、両世界大戦からの影響としては、一九一八年から三三年にかけて、フランスがジュネーヴのすぐ近くのフリー・ゾーン（免税圏）を廃止したために、ジュネーヴは、飛び地状態に由来する閉塞感ばかりか、スイス国内の他の諸州から離れているがゆえの孤立感にすら見舞われた。

時局に左右されない時計製造業と違って、戦時経済体制に大きく左右された化学や機械製造といった地場産業は、たとえば、代用品や兵器の生産などの業種へ転換せざるを得なかった。一八六〇年に始まった免税地域「大ゾーン」が廃止されたことも手伝い、一九三〇年代の経済危機がもたらしたものは、失業や、一九三一年のジュネーヴ銀行のような大きな銀行の倒産といった、社会的にも政治的にも深刻な緊張状態だった。ジュネーヴ人口の増減と構成が変化したことも、二度の大戦とさまざまな社会危機からの影響を反映している。こうした次第で、ジュネーヴの総人口は、一九一四年時の約一七万二〇〇〇人から一九二五年時では一六万三〇〇〇人以下にまで減少するが、その後、必ずしも恒常的とは言えぬまでも、再び徐々に増加していき、一九四五年時では一八万七〇〇〇人という推移をたどっている。他方、「外国人居留者」は一九一四年時でジュネーヴ総人口のうちでも四一・二パーセントを占めていたが、一九四五年時ではもはや一四・九パーセントでしかなかった。もっとも、外国人居留者に代わって他州から転入してきたスイス国民《コンフェデレ》が、フランス・スイス両国国境に面して、さまざまな国籍が入り乱れるジュネーヴの総人口に占める割合の変化は顕著である。一九一四年当時の二七パーセントから一九四五年になると、約四八・六パーセントとなっている。

事態が大きく変化した。それは、ジュネーヴの経済と人口がめざましく躍進する二十世紀後半である。経済そして人口は、一九四五年から八〇年にかけて、未曾有の拡大を遂げた。しかし、再び失業が生じ、新しい貧困が現われる一九九〇年代になって、ようやくこの拡大が本格的に疑問視されることになった。すなわち、一九九四年と九七年両年度の場合、スイス全体の平均失業率が四・七パーセントと五・二パーセントだった。これに対し、ジュネーヴにおける失業率は、両年度について、それぞれ、七・六パーセント、七・八パーセントと最高値に達した。一九九〇年代末と二〇〇〇年代初頭には短期間ながらも事態が改善したにもかかわらず、世界金融危機により、二〇一二年末のジュネーヴにおいても、スイス全州のうち、最高の失業率（五・三パーセント）を記録した（国内平均失業率は三・三パーセント）。二〇一三年十二月末になると、ジュネーヴにおける失業率は五・六パーセントに低下した（国内平均失業率は三・二パーセント）。それは、特に建設業と銀行業で著しい。銀行の店舗数は、一九四五年から九五年までの間に急増した。その結果、一九八六年から九二年の間には三〇〇店舗以上となるが、二〇〇四年から一三年の間では約一八〇店舗で安定している。このような成長期を本質的に特徴づけているのが、第二次産業と第三次産業との関係を変革してしまった構造的な部門間移動である。かくして、この部門間移動で、まず生じた変化は第二次産業の瓦解である。すなわち、雇用が一九八五年には二二・八パーセントに、一九九五年では一六・三パーセントに、二〇一一年には一四・五パーセントにまで減少した。その代わりに、第三次産業では、一九八五年時では七五・八パーセント、一九九五年時には八二・四パーセント、二〇一一年には八五・一パーセントの雇用を占めている。他方、第一次産業での雇用は、一九八五年には一・四パーセントに、二〇一一年には〇・四パーセントにまで減少を続けている。進行しつつあった部門間移動のもう一つの変化は、（時計産業、金属工業、化学のように）ジュネーヴの地場産業の多くの花形部門がスイスあるいは外国の企業に買収されて、第二次産業も「民営化」されたことである。一九四五年から七〇年代にかけて、カントンとしてのジュネーヴ経済が示した驚異的な繁栄は、これに伴って増大していった人口にも反映されている。すなわち、ジュネーヴの人口は、一九七〇年には約一八万七〇〇〇人から三二万八〇〇〇人以上に増加し、一九九九年末には四〇万八〇〇〇人の大台を超えるまでに至った。二〇〇九年末には人口四五万七六二八人に達した。人口の構成を見ると、第三次産業の成長に伴って外国人移住者数が増大したために、ジュネーヴの人口に占める外国人居住者の割合が飛躍的に増加した。事実、一九四五年の一四・九パーセントから一九七五年では三二・六パーセント、さらに一九九九年末では三七・八パーセントに、二〇一三年末ではほぼ四〇パーセント（正確には四〇・九パーセント）にまで推移している。そして、外国人居住者数は約一九万四六二三人に至っている。これに対して、一九四五年から二〇一三年にかけて他州から転入してきたスイス国民の割合は四八・六パーセントから二三・七パーセントへ、そして生粋のジュネーヴ市民の割合も三六・五パーセントから三五・四パーセントへと、いずれも減少を示している。二〇一三年末において、ジュネーヴ市だけの居住者数は一九万五一六〇人であるが、このうち四八パーセントは外国人であり、その出身地も世界一九〇か国に及ぶなど多彩である。ローザンヌ、チューリッヒといった都市の人口に占める外国人の割合がそれぞれ、四二パーセント、三一・三パーセントであることに比べると、ジュネーヴはスイスで最も国際色に富んだ都市である。

2. 科学と文化の発展

二十世紀ジュネーヴの科学・文化生活は、大学都市と国際都市の両方にまたがっている。と同時に、二十世紀ジュネーヴの科学・文化生活のダイナミズムにはこれら二つの側面が密接にかつ相互に関わり合っている。そのダイナミズムにまずもって関わっているのは、これまでの学院《アカデミー》が一八七二年から七三年にかけて近代的な大学に改組されて以後、ジュネーヴ大学が次のように拡充されていったことであるように思われる。すなわち、新たに三つの学部が増設された。一八七六年には医学部、一九一五年に経済学・社会科学部、一九七五年には心理学・教育学部がそれぞれ増設された。特に、心理学・教育学部は、教育方法のみならず、心理学においても、ジャン・ピアジェ（一八九六―一九八〇）の不朽の業績をもとにしている。その他にも、二十世紀初頭を彩っているのが、フェルディナン・ド・ソシュール（一八五七―一九一三）の先駆的な業績に負っている、言語学の発達である。このようなダイナミズムは、ジュネーヴが担っている国際的役割にも由来している。だからこそ、次のように、国際的機関が創設されたり、国際コンクールがジュネーヴで開催されるようになったのである。すなわち、一九二七年には、経済学者であり、公法学者でもあるウィリアム・E・ラパール（一八八三―一九五八）によって、ジュネーヴ高等国際政治研究所が創設された。一九三九年からは、ジュネーヴ国際音楽コンクールが開催されている。一九四六年からはジュネーヴ国際フォーラムが開催されている。そして、一九五〇年にはデニス・ド・ルージュモン（一九〇六―一九八五）によって、ヨーロッパ文化センターが開設された。

Ⅱ　州内政治状況

1．ジュネーヴ州内政治

一八一三年から一九〇七年までの州憲法改正に比べると、確かに一九〇七年から二〇一三年までの期間には、さして重要な制度改正が為されてはいない。このような時に、実に新しい州憲法がジュネーヴで成立した。この憲法典は全二三七条から成っている。スイス国内の全二十六州中、最大である。その沿革は次のとおりである。すなわち、二〇〇八年に選出された憲法制定会議における審議の結果、改正草案が起草された。この草案は、二〇一二年十月十四日、州民投票に付された。投票率三二・九パーセント、賛成票の割合が五四・一パーセントとなり、草案は採択された。こうして、改正州憲法は二〇一三年六月一日より施行された。根本的な変更はないが、憲法裁判所について若干の議論が生じている。州憲法改正以来、二十世紀そして二十一世紀に至るまでのジュネーヴにおける州内政治が変化を遂げていったことの特長となっているのは、各政党間関係が、二十世紀前半の激しい抗争から、二十世紀後半のスイス型モデルに基づいた「合意《コンセンサス》」政治優越へと転換していったことである。

このような次第で、まずもってジュネーヴは、戦間期に台頭した次の急進諸勢力が激しく対立抗争した舞台となった。急進諸勢力とは、ファシストであるジョルジュ・オルトラマール（一八九六—一九六〇）の思想的影響を受けた「国民同盟《ユニオン・ナショナル》」、そして、モスクワの意向に忠実なジュネーヴ左翼勢力の「指導者《リーダー》」レオン・ニコル（一八八七—一九六五）が率いる社会民主党である。* その結果、まさしく一九三二年十一月九日の悲劇が起こった。すなわち、極右勢力デモ隊とこれに敵対する左翼勢力デモ隊とがにらみ合っている際に、治安維持のために介入した国軍が発砲し、十三人が死亡、六十人が負傷した。この痛ましい事件の直後にジュネーヴで実施された選挙の結果、社会民主党勢力が多数を占めた州政府が組織された。しかし、左翼勢力の指導者は、この事件の責任を問われ、非難された。

＊オルトラマールは、パリでナチの占領勢力に加担したために、フランス解放後に、欠席判決を受けた。ニコ

ルは、独ソ不可侵条約を明確に支持したことを理由に、一九三九年、スイス社会民主党から除名され（この点については、一九三九年八月二十四日、三十日両日付「ル・トラヴァイユ」紙を参照されたい）、しかし、一九四四年春になり政界復帰すると、「労働党」の結党に参画した。「労働党」とはスターリン主義を奉じたスイス共産党である。この政党は、一九四五年の選挙で、ジュネーヴ州議会の一〇〇議席中、三十六議席までを獲得した。その後、何度かの幸運で議席を維持するが、二〇〇五年の選挙に敗れ、ジュネーヴ州議会での議席を完全に失った。もっとも、極左勢力（「共に左翼」党）を結成して、二〇一三年の選挙で州議会における議席を回復した。

かくして、ジュネーヴはスイス連邦に加盟した最後の州ではあったが、「スイスで最初に左翼州政府を置いたカントン」（ジュルナル・ド・ジュネーヴ紙）となった。レオン・ニコルを首班とする社会民主党州政府（一九三三―一九三六）に対して、州議会では「ブルジョア」勢力が多数議席を押さえており、しかも銀行業界は州財政への援助を拒否した。このため、混迷に陥った州政府は退陣し、代わって「ブルジョア」勢力だけで構成された新州政府が一九三六年より発足したのは、至極当然の成り行きだった。しかしながら、第二次世界大戦が終わってまもなく、七名の閣僚から成るこの「ブルジョア」州政府は、一九四五年には一名の社会民主党議員を、一九六一年には二名の同党議員を入閣させた。こうしたスイス独特の「合意民主主義」に倣った体制は、一九九三年まで続いた。

このような合意民主主義体制は、現状維持政策に陥りがちだった。その反動として、一九九三年度のジュネーヴ州議会選挙の結果、新たに発足した州政府は、なんと「ブルジョア」勢力だけで構成されたものとなった。ジュネーヴは再びその独特な気風を発揮して、「合意民主主義」を放棄したスイス最初の州となった。しかしながら、この新しい体制は、有権者らの期待に何ら沿うものではなかった。このため、一九九七年十月の州議会選挙の結果が示しているように、「緑の党」とともに議会に復帰するという左翼勢力側の歴史的勝利となった。これにより、左翼勢力が二議席を回復し、緑の党党員一名が州政府に入閣した。

だが、ジュネーヴの有権者層は移り気である。このことを示しているのが、この直後のジュネーヴ州議会選挙結果である。これによると、前述の歴史的勝利を不動のものにするどころか、二〇〇一年秋以来、左翼勢力は一挙に約十議席を失った。他方、「ブルジョア」諸政党は、議会のみならず行政府においても多数派を占めた。また、全国的基盤を有する右翼勢力によりジュネーヴで新たに編成された地方組織、すなわち、「中道民主連合」（UDC）が議席を獲得するに至った。さらには、二〇〇五年十月の選挙では、さまざまな極左勢力も敗北を喫し、反響を呼んだ。すなわち、極左勢力はジュネーヴ州議会から消滅した。その理由となったのは、第一には、緑の党が大きく躍進したためである。第二には、ポピュリスト的傾向を帯びた右翼勢力、「ジュネーヴ市民運動」（MCG）が新たに出現したためである。第三には、七パーセントという定足数を理由として、ジュネーヴの有権者の一五パーセントが代表選出を阻まれたからである。このようにジュネーヴ州議会において左翼勢力が後退した反面、確かに、二人目の緑の党議員が州政府に選出されたことは画期的だった。さらに、任期終了後の社会民主党所属元議員二名が議席に返り咲いた。ともあれ、ジュネーヴ州議会における左翼勢力の後退が二〇〇九年の選挙で顕著となった。以後、州内では第二党にまでなった緑の党の躍進と、ジュネーヴ州議会においてその議席数を二倍にまで増やしたMCGの出現とにより、社会民主党はジュネーヴ州議会における議席を喪失した。これに加え、社会民主党はジュネーヴ州行政府におけるその二番目の閣僚ポストを緑の党に明け渡したばかりか、ブルジョア多数派をも州政府に復帰させてしまった。

二〇一一年初頭に以下の一連の出来事が生じた。すなわち、自由党と急進民主党が統合した。任期満了につき、キリスト教民主人民党議員一名、緑の党党員一名、唯一の社会民主党議員が州政府閣僚を辞任した。新州憲法の規定により、州議会議員任期が四年から五年に延長された。そしてこの五年の任期期間中に州政府首班として州首相を置くことになった。しかし、これらに止まらず、次の諸問題が加わった。すなわち、州内の交通渋滞、治安、雇用、住居、さらにはスイス・フランス間国境諸問題がそうである。このため、二〇一三年秋の選挙後、州政府の閣僚構成や、州議会議席分布が一変せざるを得なかった。かくして、州議会において、緑の党は大幅な後退を余儀なくされた。というのは、ほぼ半数の議席を失ったからである。これに対応して、極右勢力が議席を回復し、ポピュリスト的な右派勢力が新たに台頭した。具体的には、MCGが州内では二番目に大きな政党となった。UDCが、州議会において、不安定ながらも維持し続けたのは、自由急進民主連合党二名、キリスト教民主人民党二名、緑の党一名、社会民主党一名、MCG代表一名から構成される連合勢力である。

2．独特な気風と「ジュネーヴの疎外感」

このようなジュネーヴにおける独特な気風は、連邦レベル選挙の際に何度も示されてきた。当然とも言うべきその理由は、二十世紀の全期間にわたり、連邦政府との諸関係において、常に甘受させられてきた「ジュネーヴの疎外感」に由来する。こうした感情を如実に示しているのが、ジュネーヴ州政府当局が、経済的または社会的な内容で、定期的に持ち出してくる公的陳情である。それは、言わばいくつかの階層からの分離論のようなものである。そうした主張の発露として、一九八七年には、「ジュネーヴの分離独立を目指し、自由なジュネーヴを実現する会」派が形成された。しかしながら、こうした分離論は、ヴォー、ジュネーヴ両州の統合を言い出した論者らの主張と同様に、何らの反響をもたらさなかった。ちなみに、ヴォー、ジュネーヴ両州統合について、イニシアティヴ（州民発議）が二〇〇〇年六月に提起された。二〇〇二年六月二日に実施された州民レファレンダムの結果、八〇パーセントのジュネーヴ州民が、圧倒的多数で否決した（ヴォー州民の場合、七七パーセントの州民が否決した）。連邦政府当局から誤解されているというジュネーヴ市民の感情は、ほとんど顧みられなかった。その証拠として、七十五年間も連邦内閣のなかにジュネーヴを代表する閣僚が皆無だった。ちなみに、七十五年前、ジュネーヴ選出の自由党員ギュスターヴ・アドールが、その任期（一九一七―一九一九）中、連邦閣僚として輝かしい業績を挙げている。一九九三年三月の選挙でジュネーヴからの代表として、ザンクト・ガレン出身の社会民主党員である女性労働組合活動家が連邦内閣に入閣した。(1) それは、驚くべき諸条件のもとで可能となった。たとえば、一九九三年九月に連邦議会――すなわちスイス議会――の秋季会議が例外的にジュネーヴで開催されたこともそうである。しかし、この入閣は、ジュネーヴのこうした疎外感を部分的に埋め合わせるものでしかなかった。こうした状況が著しく変わったのはようやく二十一世紀初頭になり、二〇〇二年九月にスイスが国際連合に加盟してからである。そして、国連欧州本部所在地でもあるジュネーヴが、スイス連邦において新たな重要性を帯び、顕著に知られるに至ったのは、二人目の連邦閣僚選出を割り当てられたからである。入閣したのは、今回も女性の社会民主党員だった。[2] 彼女は、(一九九三年に選出された)前任者の後任として二〇〇二年十二月に選出されると、外務省を管轄する主要連邦閣僚に就任した(任期は二〇〇三―二〇一一)。

(1)ルート・ドレフュス(一九四〇―)は、連邦内閣では内務省を担当した。一九九八年、スイス史上、女性としては初の連邦大統領に就任した。
(2)ミシュリン・カルミ・レ(一九四五―)は、二〇〇七年に連邦大統領に就任した。

III 国際都市ジュネーヴの時代到来と越境諸関係

二十世紀ジュネーヴを特長づけているものと言えば、なんといっても、ジュネーヴ市街のなかに数多くの国際機関が設置されたことにより、この都市のコスモポリタン的特長が確立したことである。まず、戦間期に国際連盟の常設本部が、次いで、第二次世界大戦が終結して国際連合が発足し、一九四六年以降はその欧州本部がこの都市に設置された。

1. 国際連盟の時代

一九一九年四月二十八日のパリ講和会議決議に基づき、当時の連邦大統領ギュスターヴ・アドール、そしてウィリアム・E・ラパールの尽力ばかりか、特にアメリカ合衆国大統領W・ウィルソン（一八五六—一九二四）からの全面的な協力を得て、一九二〇年、対立候補のブリュッセルやハーグをおさえたジュネーヴが、国際連盟（SDN）と国際労働機関（BIT）の所在地となった。もっとも、スイスが新しい国際共同体組織への加盟に踏み切ったのは、一九二〇年五月十五—十六日の国民投票で僅差（州票のうち、賛成が十一州と一半州、反対は十州と一半州）により連盟参加が認められたからである(1)。

（1）連邦レベルで実施される国民投票の際、半州の票は、通常の州の票の二分の一として計算される。

かくして、一九二〇年十一月十五日、第一回国際連盟総会が開催された。これを嚆矢として、毎年総会が開かれ、いくつかの重要な外交会議とともに戦間期ジュネーヴでの国際社会を彩っていった。そうした外交会議のうちでも、一九二九年に開催された会議は、第三回赤十字条約(1)の締結へ、または一九三二年から三四年にかけてのジュネーヴ軍縮会議の開催へとつながった。これと時を同じくして、数多くの機関や政府機関間機構事務局、一連の非政府団体（NGO）が創設されたのみならず、一九二一年には列国議会同盟本部、そして一九三八年には世界教会協議会の最初の事務局もジュネーヴに設置された。

（1）「俘虜の待遇に関する一九二九年七月二十七のジュネーヴ条約」を指す。なお、「第二回赤十字条約」は「戦地軍隊に於ける傷者及病者の状態改善に関する一九〇六年のジュネーヴ条約」である。

2．フランス・ジュネーヴ間国境諸問題

一九一四年まで国境周辺地域のフランス領住民が絶えず流入していたために、ジュネーヴは多くのフランス人人口を抱えた大都市と化した。しかし、戦間期には国境諸問題がすっかり影を潜めてしまった。事態が完全に変わるのは、一九六〇年代以降である。時期的にヨーロッパ経済が好景気に恵まれたことが原因である。こうしてジュネーヴは再び脚光を集めた。しかし、越境労働者という新たな問題が生じた。実際のところ、ジュネーヴにおいて、越境労働者が外国人労働者に代わって登場したのは、スイス国内において外国人労働力の定住を制限しようと連邦政府が措置を講じたからである。ジュネーヴの地域的事情からすると全く新しい現象となるのだが、越境労働者の動き――フランス国境から外国に向けたあらゆる動きのなかで最も重要なものであるが――は、日中の通勤人口移動をも含めると、莫大な規模に達することになる。すなわち、一九六〇年で二三〇〇人の越境労働者が一九八五年には二万五〇〇〇人に増加した。その結果、一九九九年になると、越境労働者は二万八〇〇〇人に達し、人の自由移動に関してスイスとヨーロッパ連合との間で締結された諸合意が二〇〇二年に発効したことから、爆発的に増加した。二〇一三年末には、越境労働者数が六万九〇〇〇人（精確には六万九二三四人）を超えるに至ったばかりか、発券された越境許可証数も八万六八九六件に達した。こうした事実から、越境労働者の動きは、越境諸問題政策の再検討を余儀なくした。その結果、フランス・スイス合同委員会が設置された。この委員会はさらにフランス・ジュネーヴ地域委員会（ＣＲＦＧ）へと発展した。レマン湖周辺地域の諸問題については、一九八七年にローザンヌで創設されたレマン湖周辺地域協議会が重ねて担当することになった。このＣＲ

ＦＧは早くもローヌ・アルプ地方協議会、ヴォー州と、それぞれ二〇〇四年、〇七年に協力関係に入ったばかりか、フランス・ヴォー・ジュネーヴ都市圏集積構想を立ち上げている。特にこの集積構想は「大《グランド》ジュネーヴ」構想とも呼ばれており、二〇一二年には、フランス、ヴォー、ジュネーヴの三当局者間で正式に調印された。

3．国際連合の時代

第二次世界大戦の終結によって、ジュネーヴは国際都市としての性格と役割とを回復した。外務省を担当していた当時の連邦閣僚（在任期間一九四五―一九六一）マックス・プチピエール（一八九九―一九九四）による周到な誘致策が功を奏して、実際のところ、国際連合の発足（一九四五年）に伴い、さまざまな国際諸機関が再びジュネーヴに設置された。もっとも、スイス自体となると、二〇〇二年までこの新国際機関に対して距離を置くことになるのであるが。このようにして、戦後設立が相次いだ諸機関のうちでも、まず、ジュネーヴに国連欧州本部が置かれたばかりか、一九四〇年よりカナダのモントリオールに疎開していた国際労働機関がレマン湖畔に復帰した。しかし、特に重要なのは、それ以降、多くの重要な国際行政諸機関がジュネーヴに設置されたことである。すなわち、ガット（ＧＡＴＴ、一九四七―一九九四年にかけて存続）そしてこれが改組された世界貿易機関（ＷＴＯ、一九九五年発足）に始まり、国連人権高等弁務官事務所（一九九三年設置）、国連難民高等弁務官事務所（一九五一年設置）、世界保健機関（一九四八年設置）、欧州合同原子核研究機関（一九五四年設立）がそうである。この他にも、国際道路輸送連盟、世界教会協議会（ともに一九四八年に発足）のように約三〇〇の非政府組織（ＮＧＯ）もジュネーヴに設置されている。

国連関係の諸機関が設置されているという点で、国際都市ジュネーヴは新たな重要性を帯びることになった。このため、戦間期時代にまして一連の重要な会議や首脳会談、そのうえ、衆人環視の的となる催し物がジュネーヴで開催されるようになった。たとえば、国際会議としては、一九五四年のインドシナ和平会議、一九七三年の中東和平会議、一九九二年から九五年の旧ユーゴスラビア内戦の調停会議、首脳会談としては、一九八五年のレーガン・ゴルバチョフ米ソ首脳会談、ブッシュ（一九九〇年）、次いでクリントン（一九九四、二〇〇〇年）米大統領とシリア大統領アフェツ・エル＝アサドとの首脳会談が挙げられる。同様にして、二〇〇三年十二月一日の「中東和平に向けたジュネーヴ提案」そして、二〇〇九年四月の「人種差別撤廃世界会議」（二〇〇九年四月ダーバン第二会議）が開催された。さらには、シリア和平に関する国際会議として「ジュネーヴ１」と「ジュネーヴ２」、イラン核開発疑惑に関する国際会議が二〇一二年から一三年にかけて開催された。以上のように、二十世紀末および二十一世紀初頭の国際都市ジュネーヴには、国連に派遣されている一七三の常駐外交使節団、その一〇〇の領事代表部、ＷＴＯへ派遣されている三十四の使節団が常駐し、二万三〇〇〇人の国際公務員が勤務している（二〇一三年）。このようなジュネーヴは、一九二五年にカイザーリング伯爵[1]が予言したような「組織と資金とを備えた巨大な事務局」とは別の様相を呈するに至っている。すなわち、一九四六年以来の国際連合欧州本部ばかりか、二〇〇六年に新設された国際連合人権理事会の所在地でもあるジュネーヴは、現代の「多元的外交」活動上で重要な拠点の一つであるばかりか、人間の尊厳を守る拠点として、国際平和の牙城《キャピタル・ド・ラ・ペ・アンテルナショナール》の一つともなっている。そして、この国際都市には、次のように呼ぶことがふさわしい気風が備わっている。その気風とは、「ジュネーヴ精神」である。

（1）　バルト系ドイツ人哲学者ヘルマン・グラーフ・カイザーリング（一八八〇―一九四六）のことである。

終章　ジュネーヴ伝説とジュネーヴ精神

カエサル著『ガリア戦記』の一節に出てくるアロブロゲス人によって築城された要塞都市に始まり、中世ヨーロッパにおける交易と金融の中心地に至るまで、そして、プロテスタント宗教改革の牙城に始まり、現代を風靡する急進主義について開かれた都市に至るまで、以上のようなジュネーヴの全歴史を特徴づけているのは、後退と拡大という二重の動きである。この動きは、近代になると「ジュネーヴ気質」と「ジュネーヴ精神」との拮抗として現われている。このことから帰結するのは、この小さな共和国の矛盾した様相である。ちなみに、小さな共和国とは、かのヴォルテールによる「この上もなく小さな共和国」という文言に由来する。この小さな共和国の矛盾した様相とは、この共和国が、自らの地域至上主義に固執している一方で、自由という至上命題を犠牲にしてまでも、普遍主義を志向する自らの役割を自覚していることである。

まずもって、おそらく、数多くの古代ないしは中世の諸都市と同様に、古くからの都市国家にして独立共和国でもあったジュネーヴは、歴史的にも地理的にも全く特別な様相を呈している。このことを、ジュネーヴで最も重要な文筆家の一人は、次のように記している。すなわち、「（祖国とは）諸大国においてそうであるように、抽象的で、遠くに存するものではない。祖国が抽象的で遠くにあるかのように見えるのは、人々が熱心にそのように思い込み、かつ危機に際してそう感じるからである。スパルタ、フィレンツェ、ヴェネツィアがそうであるように、祖国とは身近であり、常にそこに存している。［中略］サレーヴ山に登ると、祖国ジュネーヴがあまりにもこぢんまりとしているので、都市全体を一目で見渡すことができる」（フィリップ・モニエ）、と。しかし、とりわけ、「ユグノー教徒インターナショナル」の拠点という役目を担っていたため、古くからの「プロテスタント宗教改革の中心地」であるジュネーヴは、普遍性を帯びつつも自らの地域至上主義に基づく野心により、一八一五年のウィーン会議においてその権益を主張した。このため、早くもタレーランが次の皮肉を述べたのは当然である。すなわち、「世界には五つの地域がある。それらは、ヨーロッパ、アジア、アメリカ、アフリカ、……そしてジュネーヴである」、と。

十六世紀に信仰の牙城としてジュネーヴが高く讃えられて以来、二十世紀に諸国民の交流地として慶賀されるに至り、事実上、正真正銘のジュネーヴ伝説ができあがった。そして、この伝説は十六世紀におけるプロテスタントのローマ伝説に取って代わったようにも見える。実際、第二のローマであったコンスタンチノープルが、トルコ軍により占領されるや、東方キリスト教世界への指導力を失い、歴代モスクワ大公下の勢力のため東方様式に取って代わられてしまった。これと同様にして、第一のローマは、プロテスタント宗教改革により挑戦を突きつけられると、西方キリスト教世界への指導力を失い、プロテスタントのローマであるジュネーヴとの対峙を余儀なくされた。カルヴァンの説教により育まれた結果、レマン湖畔の都市ジュネーヴの理念的イメージが初めて具体化した。すなわち、さまざまなエネルギーを鼓舞し、さまざまな諸制度を着想するこの都市は、信仰の牙城にして避難都市、言うなれば、新しい聖都になったという伝説である。

第二のジュネーヴ伝説を形成することになったもう一つの変化が生じたのは、啓蒙の世紀、すなわち十八世紀においてである。この時に、啓蒙のジュネーヴ共和国伝説が生まれた。レマン湖畔の都市ジュネーヴについて、このように新たな理想的イメージを示すものとして、次の二つの文献を挙げておきたい。一つは、ルソーが、『人間不平等起源論』冒頭に掲載した献辞（一七五四年）である。そのなかで、ヨーロッパ全土に向けて、模範となる優れた民主体制のなかでも特筆に値するものとして、（ジュネーヴを）賞賛している。もう一つは、一七五七年の『百科全書』中で執筆された項目「ジュネーヴ」である。このなかで、カルヴァンの町を理性的宗教と寛容精神の中心地として賞賛しつつ、「蜜蜂の共和国」[1]における、政治的かつ知的な状況と、模範的とも言うべき宗教的状況とを、ダランベールが描写している。

（1）西川長夫訳「ダランベールによる『ジュネーヴ』の項目」、西川他編訳『ルソー全集 第八巻』、白水社、一九七九年、一七九一一八九頁、特に一八九頁。

しかしながら、ジュネーヴ伝説の最も知られている姿としては、その究極的な変容たる、「諸国家の首府、ジュネーヴ」かつ「人道主義の殿堂」という姿である。すなわち、この変容は、一八六三年にジュネーヴに赤十字国際委員会が創設され、翌一八六四年にジュネーヴ条約（いわゆる「第一条約」）が締結されたことで始まり、一九二〇年以降、ジュネーヴ市内に主要な国際諸機関を誘致するに至った。ジュネーヴ伝説の第三の姿は早くもジュネーヴ精神という名の下に普及していった。このジュネーヴ精神のさまざまな内容を雄弁に語っているのが次の書物である。それは、一九二九年に、作家にして文筆家のロベール・ド・トラが、まさしく『ジュネーヴ精神』という書名の下にこの精神について語っているところの書である。ド・トラは、ジュネーヴ伝説が二十世紀になって遂げた究極の変容を、以下のように語っている。「ところで、ジュネーヴ精神とは次のようなものである。すなわち、この精神を要約するとすれば、解放と統合主義を希求することであり、『人間は規律に服するもの』という前提に立って人類に信頼を寄せることであり、協約により事を進めることへ信頼を寄せることであり、〔中略〕あらゆる惨禍に援助の手を差し伸べるにあたり、必要に応じて知恵を絞り、改良を加え、そして順序立てて運営していくこと、である。これこそがジュネーヴ精神である。この精神は、急にその本来の代表らを離れるや、並外れたスケールで拡大していくばかりか〔中略〕そのスケールに決して前例がないほどに、全世界に散らばるあらゆる民族の無数の未知の人々にとっての理想となっていく。この精神は、ジュネーヴ市民らだけに限定された特権であることをやめ、世界の多くの諸国民によっても希求されている。数奇な変遷を経て、今やジュネーヴという地名はシンボルとなっている」、と。

訳者あとがき

本書は、Alfred Dufour, *Histoire de Genève*, collection « Que sais-je ? », N° 3210, Paris, Presses universitaires de France, 5e édition の全訳である（初版は一九九七年）。

著者のアルフレッド・デュフールは一九三八年にチューリッヒで生まれた。デュフール家は、十四世紀以来、ジュネーヴ郊外サティニーに由来する旧家である。中等教育の一時期をチューリッヒで就学したことを別とすれば、著者は少年時代の大半をサティニーで過ごした。名門校コレージュ・ド・カルヴァンを優秀な成績で卒業すると、ジュネーヴ大学法学部に進学した。同学部を卒業後、文学部に学士入学し、哲学をも学んだ。ドイツのハイデルベルク、フライブルク両大学留学を経て、法学博士号を取得すると、母校ジュネーヴ大学法学部で教歴を重ね、一九八〇年、正教授に就任した。法制史の講義と研究に従事する一方、法制史研究室主任として、後進の研究者育成にもたずさわった。二〇〇三年には定年退職し、現在はジュネーヴ大学名誉教授であり、名誉法学部長である。ちなみに、夫人のガブリエル・デュフール゠コヴァルスカ博士（二〇一五年没）は、著者が文学部哲学科在学中のクラスメートの一人であり、哲学者ミシェル・アンリの研究者である。

主著として、以下の諸著作がある。

— *Le mariage dans l'École allemande du droit naturel moderne au XVIIIe siècle*, Paris, LGDJ, 1972.

— *Le mariage dans l'École romande du droit naturel au XVIIIe siècle*, *Genève*, Georg, 1976.

— *Droit de l'Homme, Droit naturel et Histoire*, Paris, collection « Léviathan », Presses universitaires de France (ci-après, PUF), 1991.

— *Mariage et société moderne*, Fribourg (Suisse), Éditions Universitaires, Freiburger Veröffentlichungen aus dem Gebiete von Staat und Kirche, Bd.48, 1997.

— *L'histoire du droit entre philosophie et histoire des idées*, Bruylant (Bruxelles)/Schulthess (Zürich, Bâle et Genève), 2003.

主たる研究領域は、フーゴー・グロティウス、ザミュエル・プーフェンドルフらの近世理性主義的自然法論が、十八世紀スイス・フランス語圏地方（スイス・ロマンド地方）の婚姻法および国制にどのように浸透していったのかというテーマである。この点について、著者は、ジュネーヴ大学法学部在学中に聴講したポール・グッゲンハイム教授（国際公法専攻、在ハーグ常設仲裁裁判所判事）の講義に示唆され、フライブルク大学法学部留学中にハンス・ティーメ教授から直接の指導を受けている。その後、近世理性主義的自然法論の淵源として、スペイン後期スコラ学派にまで研究対象を拡げている。著者自身の述懐によると、フランスの法哲学者ミシェル・ヴィレーとの交流、ドイツの法制史学者フランツ・ヴィーアッカーの講義と著作から多くの恩恵を受けたという。また、ドイツの法学者フリードリヒ・カール・フォン・サヴィニーによる法学説がフランス語圏諸国に浸透していった過程にも、強い関心を寄せている。その一方で、出身地であるジュネーヴへの関心から、ジュネーヴにゆかりの深い政治思想家ジャン＝ジャック・ルソー、法学者ペレグリーノ・ロッシ、文筆家ロベール・ド・トラに関し、論稿や、史料編纂にも従事している。以下の編著作を挙げておく。

— Traduction, introduction et notes de : F.C. von Savigny, *De la vocation de notre temps pour la législation et la science du droit*, Paris, PUF, collection « Léviathan », 2006.

— *Le libéralisme genevois, du Code civil aux Constitutions (1804-1842)*, Collection genevoise, Bâle-Fracfort sur le Main, Helbing et Lichtenhahn, 1994.

— Réédition et Préface de : Robert de Traz, *L'Esprit de Genève* (Paris, 1929), Lausanne, L'Âge d'Homme, 1995.

— *Pellegrino Rossi – Cours d'histoire suisse*, édité et préfacé par Alfred Dufour, Collection genevoise, Bâle-Fracfort sur le Main, Helbing et Lichtenhahn, 2000.

— Réédition et Préface de : Jean-Jacques Rousseau, *Lettres écrites de la montagne*, Lausanne, L'Âge d'Homme, 2007.

— *Rousseau, le droit et l'histoire des institutions*, édité par Alfred Dufour, François Quastana et Victor Monnier, Presses Universitaires d'Aix-Marseille/Presses Universitaires de Provence/ Schulthess (Zürich, Bâle et Genève), 2013.

本書『ジュネーヴ史』は、著者が母校ジュネーヴ大学法学部で長年講じてきた「ジュネーヴ法制度史(Histoire du droit et des institutions genevoises)」講義が原型となっている。例年夏学期に開講された講義では、中世から十八世紀後半までの都市国家ジュネーヴにおける制度史が講じられた。その範囲を広げ、古くは古代ローマ時代にまで遡り、近くは二十一世紀初頭までのジュネーヴ史をコンパクトに叙述したものが本書である。結果的には、文庫本にしては珍しいほど、著しく内容が凝縮された通史となっている。全体を通じて、重要な歴史事象の制度史的背景が立体的に叙述されている。法制史研究者である著者の面目躍如たるものがある。そして、スイス連邦（一八四八年成立）よりも歴史が古く、不羈独立の共和国であることを矜持としてきたジュネーヴへ、著者が寄せる深い愛着がはしばしから伝わってくるであろう。

本書の読者が真っ先にお読みになるのは、カルヴァン指導下で宗教改革が導入された十六世紀、啓蒙思想家ルソーとヴォルテールが活躍した十八世紀、赤十字運動を立ち上げたアンリー・デュナンを輩出した十九世紀、そして、多数の国際諸機関が設置された二十世紀について、それぞれ叙述した、「第二編第一章」、「第二編第三章」、「第三編第一章」、「第三編第二章」であろう。だが、ジュネーヴ史はこれら四つの時代に尽きるものではない。古代からのジュネーヴ史を通読していくと、次のことがわかるであろう。すなわち、ジュネーヴでは、対内的には、度重なる権力抗争を経ながら、自由を希求してきた。対外的には、小国ながら、周辺諸国との間で高度な外交術を駆使して、その独立を獲得し維持しようとしてきた。その延長線上に、今日の国際平和文化都市ジュネーヴがあるということである。このことに、読者は新鮮な興味を感じられることだろう。

訳者として、内容について補足しておきたい。第二版まで、本書は第三編第二章で終わっていた。第三版以後、「終章」部分が加筆されている。読者によっては、「終章」冒頭で出てくる「ジュネーヴ気質」(esprit genevois)と「ジュネーヴ精神」(esprit de Genève)との対比のうち、見慣れない「ジュネーヴ気質」という文言を奇異に感ずることであろう。この二つの文言は、「終章」後半で著者が引用している文筆家ロベール・ド・トラ著『ジュネーヴ精神』に由来する。後述するように、訳者は著者の執筆作業の一時期に立ち会っている。著者からの指示により、ド・トラの原著初版本の必要箇所をジュネーヴ州立図書館でコピーし、届けたことを訳者は記憶している。従って、第一版原稿執筆中から、ド・トラによる対比が著者の念頭にあったことは間違いない。それゆえ、第三編第二章で叙述されている「独特な気風(singularité)」に対応させるべく、「終章」において「ジュネーヴ気質」という文言を著者は引用したのであろう。ド・トラは、その原著のなかで次のように述べている。すなわち、「コスモポリタン的な文化の下ではありながら、綿々と続いてきているのは、地元にこだわり、際立って用心深い気風である。〔中略〕(ここには)普遍的な思想を志向する哲学者、高遠な信条を奉ずる人道主義者、新しい事に熱狂する上流社会人がいる。その他方、冷静沈着な旧市民、そして、以下のような愛郷(=ジュネーヴ中心)主義者もいる。すなわち、情緒的であり、およそいかなる変化に対しても敵愾心を燃やし、(他者に対して)好意を示すどころか直ちに欺瞞だと非難し、それが誰であれ地元訛がない相手を蔑ろにするという愛郷主義者である。〔中略〕ジュネーヴ気質とは、とっつきにくく、不愛想であり、邪慳である。他者に対して防禦的姿勢を取るあまり、冷やかしたり、皮肉ったり、不謹慎になったりする。〔中略〕各人各様の対応を示すのは、その対応が飾り物ではないからである。人は、頑固なまでに、他者とは違っていることを、言うなれば、刃向い合っていることを望む。思うに、それは、自由であること、すなわち、隣人と同調したくないという自由を望む表われである。しかし、そうした強い思いから独立独歩を希求するあまり、人々は必ずいさかいを繰返すことになる」（括弧内は引用者。Cf., Robert de Traz, *L'esprit de Genève*, Lausanne, Éditions L'Âge d'Homme,1995, pp.42-44）と。では、普遍的理念を志向する「ジュネーヴ精神」と、排他的なまでに地元志向の「ジュネーヴ気質」とはどのように統合されているのか。この点に関し、ド・トラは次のように続けている。すなわち、「『ジュネーヴ気質』と『ジュネーヴ精神』とが対立するとしても、両者は常に反目しながらも、同じジュネーヴ市民の脳裏において共存している。生き延びるために議論するという必要に迫られ、ジュネーヴ市民は〔中略〕頭の中で『ジュネーヴ気質』と『ジュネーヴ精神』とを対照させて考えていくように育まれている。そして、このような思考実験をめぐらせているからこそ、ジュネーヴ市民は理想的な形で常に新たな議論を展開することができる」（Cf., de Traz, *op.cit.*, p.44）と。

翻訳にあたり、さまざまな各種文献、翻訳書を参照させていただいた。わが国におけるジュネーヴへの関心は、ジャン・カルヴァン、ジャン＝ジャック・ルソー、アンリー・デュナンに集中している。このため、十八世紀中葉までのジュネーヴに関する訳語には困らなかった。もっとも、「プチ・コンセイユ」について、これまでのカルヴァン研究、ルソー研究、フランス史研究では、「小会議」または「小議会」と訳されることが多かった。だが、本書をお読み下さればおわかりのように、この制度は、およそ近代的な意味におけるものとは異なっている。構成員は選挙で選出されるのではなく、しかも、開かれた会議体とはほど遠い組織体である。既存の訳語に使われている「会議」、「議会」では原義が伝わらないのである。この点について、著者に訳者は相談した。その結果、「プチ・コンセイユ」はドイツ語圏スイス（スイスアレマン地方）の制度と類似している点が多いから、ドイツ史あるいはドイツ語圏スイス史研究の文献の訳語を参考にしてはどうか、という示唆をいただいた。そこで、U・イム・ホーフ著『スイスの歴史』（森田安一監訳、刀水書房、一九九七年）で使用されている「小市参事会」という訳語を充てることにした。これに倣い、「コンセイユ・デュ・ソワソン」、「コンセイユ・デュ・ドゥサン」も、それぞれ、「六十人参事会」、「二百人参事会」と訳出した。また、ルソー以後のジュネーヴ史に相当する邦語文献は少ない。デュナンについても、ジュネーヴ史の文脈の中で論ぜられることはなかった。そこで、十八世紀後半以後については、十八世紀中葉までの既成訳語に適宜加工しつつ、訳出していった。辞書では検索できないスイス・フランス語表現は、著者に語義を直接に質問し、あるいは他文献中の用例で確認した上で、訳出した。

著者が執筆中に特に参考にしているのが、巻末参考文献表冒頭のジュネーヴ歴史考古学協会編『ジュネーヴ史』（*Histoire de Genève*, publiée par la Société d'histoire et d'archéologie de Genève (SHAG), 2 vol., Genève, Jullien, 1951-1956）である。同書に大きく依拠した主文に、著者は、各分野における最新の研究成果からの祖述を、前置詞句、形容詞句、あるいは分詞構文の形で加筆している。その結果、原文では、長文化したセンテンスが頻出している。これをそのまま訳出すると、不自然な日本語文となってしまう。そこで、訳者の裁量により、こうした長いセンテンスはいくつかの短文に区切って訳出した。具体的には、主文を修飾する前置詞句、形容詞句、分詞構文に、それぞれ、主語と述語を補い、単独センテンスとして訳出した。また、著者は、文学史関係の読書を趣味とするだけあって、文学的な表現を随所に用いている。残念ながら、文学的センスを欠く訳者は、原意を十分に汲んだ日本語表現に置き換えることができなかった。古来、「翻訳者は反逆者」（イタリアの格言）であるという。はたして訳者がここに言う「反逆者」か否かについては、読者の判断に委ねたい。

訳者と本書との出会いは以下のとおりである。

訳者は、一九九一年十月からスイス政府奨学金留学生としてジュネーヴ大学法学部に留学した。研究テーマは、十七世紀スイスを媒介としてヨーロッパ中に伝播した近世理性主義的自然法論が十八世紀フランス私法学に及ぼした影響である。修士論文に相当する論文をまとめるにあたり、著者に師事した。研究を進める傍ら、著者による各種関連講義を訳者は聴講した。このうち、一九九二年夏学期に聴講した半期間の選択科目の一つが、本書の原型となった「ジュネーヴ法制度史」講義である。奨学金終了後、著者の推薦で法制史研究室の助手として一年間の任期で雇用していただいた。著者が本書の執筆を始めたのは、一九九三年頃だったと記憶する。講師だったヴィクトル・モニエ博士（本書第三編第一章末に出てくる作家フィリップ・モニエの孫にあたる。二〇〇一年、著者の後任として法制史担当正教授に就任）の指示で、著者が必要とする各種文献を、ジュネーヴ大学バスチオン・キャンパス（文学部、神学部）内の州立図書館（中央図書館に相当）から借り出し、当時開設間もないユニ・マイ・キャンパス（法学部、経済経営学部、社会科学部、心理教育学部、翻訳通訳学部）内の法制史研究室に運んでくることが、助手としての私の仕事だった。もしも、当該文献が帯出禁止となっておれば、必要箇所を、抜粋コピーして届けたものである。その都度、借り出してきた文献を肴に、ヴィクトル・モニエがジュネーヴ史についての蘊蓄を傾けてくれた（この折の耳学問が、本書を翻訳する際に、役立っている）。訳者は、修士論文の口述試験を終えると、一九九五年四月に日本へ帰国した。その後も原稿執筆が続けられ、一九九七年にようやく本書が上梓された。

ただちに著者の了解を得、訳者は翻訳を始めたものの、諸般の事情により、完訳を終えるまでに実に二十二年もの歳月を要してしまった。この間、訳者からの照会に対して、著者であるデュフール教授は、時に書簡または電子メールで、時にレマン湖畔コロニーの瀟洒な御自宅で食事を共にしながら、丁寧に説明して下さった。一九九一年八月の最初の出会いから二十八年に及ぶご厚誼に、改めて感謝申し上げる。また、訳者側から本書翻訳を申し出ておきながら、訳稿の最終点検に時間を要し、白水社編集部の皆様に御迷惑をおかけしてしまった。特に小川弓枝氏は、原文と対照の上、訳稿を細部に至るまで修正して下さったばかりか、原文の年代表記の誤りまで御指摘下さった。ここに記して、お詫びかたがた、厚く御礼申し上げる。最後に、日本語訳完成の報を待たずに、二〇一九年三月に病魔のためこの世を去った旧友ヴィクトル・モニエに追悼の念を捧げる。今や肉体の病魔から解放されたヴィクトルが、冥界より九州熊本を再訪し、阿蘇山の雄大な風景をこころゆくまで楽しんでいることを訳者は願うばかりである。

二〇一九年　七月

大川　四郎

コロナウィルス感染拡大にもかかわらず、白水社編集部の小川弓枝氏が初校原稿を入念にチェックして下さった。他方、勤務先大学での遠隔授業準備に訳者が手間どってしまい、再校原稿修正も遅れてしまった。本書の刊行を心待ちにしておられた原著者、読者の皆様にお詫び申し上げます。

（二〇二〇年九月　訳者追記）

参考文献

1 **概説書** *Histoire de Genève*, publiée par la Société d'histoire et d'archéologie de Genève (SHAG), 2 vol., Genève, Jullien, 1951-1956. – *Histoire de Genève*, publiée sous la direction de Paul Guichonnet, Lausanne, Payot – Toulouse, Privat, 1974; 1986, 3e éd. – *Encyclopédie de Genève*, publiée sous la présidence de Catherine Santschi, Association de l'Encyclopédie de Genève, Genève, 4e vol., « Les institutions », 1986. – Binz Louis, *Brève histoire de Genève*, Genève, Chancellerie d'État, 1981; 1985, 2e éd.; 2000, 3e éd.; trad. angl., 1985. – Rouchon François, *Histoire politique de la République de Genève de la Restauration à la suppression du budget de cultes*, Genève, Jullien, 1953, 2 vols. – Traz Robert de, *L'esprit de Genève*, Paris, Grasset, 1929; rééd. Lausanne, L'Âge d'Homme, 1995.

2 **経済史および社会史** Babel Antony, *Histoire économique de Genève des origines au début du XVIe siècle*, Genève, Jullien, 1953, 2 vols. – Bergier Jean-François, *Genève et l'économie européenne de la Renaissance*, Paris, École pratique des hautes études, SEVPEN, 1963. – Mottu-Weber Liliane, *Genève au siècle de la Réforme. Économie et Refuge*, Genève, Droz – Paris, Champion, 1987 (Mémoires et Documents publiés par la Société d'histoire et d'archéologie [MDG], t. LII). – Perrenoud Alfred, *La Population de Genève, XVIe-XIXe siècle*, Genève, Jullien – Paris, Champion, 1979 (MDG, t.XLVII). – Piuz Anne-Marie, Mottu-Weber Liliane, *L'Économie genevoise, de la Réforme à la fin de l'Ancien Régime, XVIe-XVIIIe siècle,* Genève, Georg-SHAG, 1990.

3 **法制度史** Binz Louis, Émery Jean et Santschi Catherine, *Le diocèse de Genève. L'archidiocèse de Vienne en Dauphiné*, in *Helvetia Sacra*, Section I : Archidiocèses et diocèses, Berne,

1980, vol.3. – Bonnaure Pierre, *Les institutions du canton de Genève*, Paris, Pedone, 1938. – Brandli Fabrice, *Le nain et le géant. La République de Genève et la France au XVIIIe siècle. Cultures politiques et diplomatie*, Rennes, Presses universitaires de Rennes, 2012. – Duparc Pierre, *Le Comté de Genève, IXe-XVe siècle*, Genève, Jullien, 1955 (MDG, t. XXXIX). – Fazy Henri, *Les Constitutions de la République de Genève*, Genève-Bâle, Georg, 1890. – Fulpius Lucien, *L'Organisation des pouvoirs politiques dans les Constitutions de la République et Canton de Genève*, Genève, Georg, 1942. – *Le Radicalisme à Genève au XIXe siècle. Un mouvement au pluriel*, Olivier Meuwly et Nicolas Gex (éds.), Genève, Slatkine, 2012. – *L'État sans confession. La laïcité à Genève (1907) et dans les contextes suisse et français*, Michel Grandjean et Sarah Scholl (éds.), Genève, Labor et Fides, 2010. – *** *Libertés, franchises, immunités, us et coutumes de la Ville de Genève, 1387-1987*, Genève, État et Ville de Genève, 1987. – Martin William, *La Situation du catholicisme à Genève, 1813-1907. Étude de droit et d'histoire*, Paris, Alcan-Lausanne, Payot, 1909. – Micheli Léopold, *Les Institutions municipales de Genève au XVe siècle*, Genève, 1912 (MDG, t. XXXII). – Rappard William E., *L'avènement de la démocratie moderne à Genève (1814-1847)*, Genève, Jullien, 1942. – Roth-Lochner Barbara, *Messieurs de la Justice et leur greffe*, Genève, Droz-Paris, Champion, 1992 (MDG, t. LIV).

訳者略歴
大川四郎（おおかわ　しろう）
1959年生まれ
1986年名古屋大学大学院法学研究科博士前期課程修了
西洋法制史専攻
愛知大学法学部教授
主要著書
『国際都市ジュネーヴの歴史』（共著、昭和堂）
『スイスの歴史と文化』（共著、刀水書房）
『コード・シヴィルの200年』（共著、創文社）
『近代ヨーロッパの法学者たち』（共著、ミネルヴァ書房）

文庫クセジュ　Q 1041
ジュネーヴ史

2021年1月5日　印刷
2021年1月25日　発行
著　者　アルフレッド・デュフール
訳　者 © 大川四郎
発行者　及川直志
印刷・製本　株式会社平河工業社
発行所　株式会社白水社
東京都千代田区神田小川町3の24
電話　営業部 03(3291)7811 / 編集部 03(3291)7821
振替　00190-5-33228
郵便番号　101-0052
www.hakusuisha.co.jp

乱丁・落丁本は，送料小社負担にてお取り替えいたします．
ISBN978-4-560-51041-4
Printed in Japan

文庫クセジュ

歴史・地理・民族（俗）学

816 コルシカ島
819 戦時下のアルザス・ロレーヌ
831 クローヴィス
842 コモロ諸島
856 インディヘニスモ
857 アルジェリア近現代史
858 ガンジーの実像
859 アレクサンドロス大王
861 多文化主義とは何か
865 ヴァイマル共和国
872 アウグストゥスの世紀
876 悪魔の文化史
879 ジョージ王朝時代のイギリス
882 聖王ルイの世紀
883 皇帝ユスティニアヌス
885 古代ローマの日常生活
889 バビロン
890 チェチェン
896 カタルーニャの歴史と文化
898 フランス領ポリネシア
902 ローマの起源
903 石油の歴史
904 カザフスタン
906 フランスの温泉リゾート
913 フランス中世史年表
915 クレオパトラ
918 ジプシー
922 朝鮮史
925 フランス・レジスタンス史
928 ヘレニズム文明
935 カルタゴの歴史
938 チベット
942 アクシオン・フランセーズ
943 大聖堂
945 ハドリアヌス帝
948 ディオクレティアヌスと四帝統治
951 ナポレオン三世
959 ガリレオ
962 100の地点でわかる地政学
964 100語でわかる中国
967 コンスタンティヌス
974 ローマ帝国
979 イタリアの統一
981 古代末期
982 ショアーの歴史
986 ローマ共和政
988 100語でわかる西欧中世
993 ペリクレスの世紀
995 第五共和制
1001 第一次世界大戦
1004 クレタ島
1005 古代ローマの女性たち
1007 文明の交差路としての地中海世界
1010 近東の地政学
1014 『百科全書』
1028 ヨーロッパとゲルマン部族国家
1032 コラボ＝対独協力者の粛清
1035 新聞・雑誌の歴史
1037 ローマ帝国の衰退